·法律文化研究文丛·

图像中的法律

陈皓 著

主编前言

《法律文化研究文丛》自1996年面世，已经出版三辑，计有海内外学者专著、文集、译著三十余种刊行，内容涉及法律理论、法律史、比较法、法律社会学、法律人类学等诸多领域。

自今年起，《法律文化研究文丛》将由商务印书馆出版。编者不改初衷，将通过本文丛的编辑出版，继续坚持批评和反思的学术立场，推动法律的跨学科研究，为深入认识中国法律与社会的历史、文化和现实，推进中国的法治事业，略尽绵薄。

梁治平

2022年7月

目 录

前　言 / 1

导论：绘制法律图像学 / 8

神　话

戏谑与秩序：《劫掠欧罗巴》释义 / 45

正义女神的天平与古典正义理论中的均等 / 54

画作《创世记》中的身体与罪罚 / 71

先　哲

《苏格拉底之死》的图像与涵义 / 91

签字厅壁画中的柏拉图主义 / 108

金链与荣誉：《亚里士多德凝视荷马》释义 / 127

主权者

复古与美化：罗马政制的古典叙事 / 143

前法治时代的主权者的形象 / 165

德拉克洛瓦的画与卢梭的公意学说 / 182

圆形监狱的设计理念 / 197

精神肖像

马斯登·哈特利与孟德斯鸠 / 215

现代艺术与现代思想中的"事实"与"真实" / 237

思想史视野下的人像信息与法律固化 / 246

附录：主要艺术图像来源 / 273

后记：未知未来 / 276

前　言

  2017年春季，我给法学院研究生讲授一门叫作"西方法律史"的选修课程。在准备这门课之前，我就想可以换一种讲法，从一种新的视角，展现一幅与人们熟知的历史不大一样的西方法律史图景。

  那段时间，我看了一批经典的艺术通史文献，其中给我留下最深印象的是北京大学出版社的《艺术与观念》（上下册），这些文献展现了不同历史时期和不同社会的艺术作品，如建筑、雕塑、绘画等，同音乐、文学、哲学等共同分享某些价值理念和思想观念。这一发现给我打开了一个新的视域，我发现，艺术史与法律史共享着某些思想文化要素，它们共同构成融艺术史和法律史为一体的别开生面的文化景观。

  在这个过程中，我试图通过一些艺术家，主要是画家，和对他们的作品的解读，讲述其中所体现的法律方面的人物、思想、观念和制度，并根据思想史讲述的时间脉络，写成13篇主题论文。这些文章主要围绕13幅艺术图像，讲述由古希腊至现代的法律历史和思想。写作之初，我主要是在两个方向上构建艺术与法律的关联：其一，在共同的观念史的背景下，建立艺术作品与法学家的联系，以及艺术观念的历史与法律思想史的融通；其二，通过发掘艺术作品中所包含的法律意蕴来增进和丰富我们对于法律历史及文化的理解。后来，当读到温克尔曼在《论古代艺术》中写下的句子——"激情这种稍纵即逝的东西，都是在人类行为的开端表现出来的，平衡、稳健的东西最后才会出现"时，我开始意识到，要推进艺术与法律的研究，有必要在方法论方面做更多的思考。

我开始阅读更多相关研究。事实上，人类文化传统中存在相当丰富的艺术图像资源。19世纪开始的一系列考古发现，正是从古老的艺术品中——建筑、碑刻、神像、雕塑、壁画、金银器、钱币等——猜想、推论和解读古文明的密码和讯息的。这些艺术图像与文字文献一样，既是知识的载体，也是思想的表达。哲学、心理学、历史学、社会学、文学、法学等不同学科对艺术作品的解读，帮助我重新整理、审视用以融于课堂的艺术资源。值得深思的问题是，在法律图像的研究中，艺术作品无论作为情感载体、思想载体还是知识载体，都不仅仅是法律史叙述的引子，它们是法律史的有机组成部分，是我们认识和理解法律思想和活动的一个窗口。透过这些图像，我们得以直观地认识和理解法律的理念，从而深化我们对法律世界的理解。因此，艺术图像的选择和解读最后都应当有助于达成这一目标。对潘诺夫斯基、巫鸿等艺术史学者的阅读，更启发我借鉴艺术史图像学的研究方法，以图像为主要对象，解读其中蕴含的法律历史、思想和理论，由此建立法律史的艺术观念史参照系，建立以图像为主要载体的法律史研究。

在这一解读的过程中，艺术作品不单是作为审美对象，也是作为思想的具象获得理解的。万事万物处于永恒的精神统一之中，而感官世界中的种种具象，都是这个总的精神的表达——我们在黑格尔的历史哲学以及萨维尼的历史法学中，乃至启蒙时代孟德斯鸠《论法的精神》，中世纪经院神学家对《圣经》文本的解读，古希腊柏拉图关于理念相对于实体的不朽不灭的主张中，都读到了同样的观点或者说信念。这种观点和信念构成图像学创始人潘诺夫斯基去发现和建立文艺复兴时期的艺术创作与西方哲学的联系，当代艺术史学者巫鸿等去发现和建立东方艺术图像与东方秩序观念的联系，以及本书作者去发现和建立艺术图像与法律思想之间关联的根本前提。

在这个基础上，我形成了法律图像学论纲式的一篇论文，它构成本书的导论。而全书主体部分则由在讲义基础上扩充的13篇主题文章构成。这些篇目汇聚在四个主题之下，分别为"神话""先哲""主权者""精神肖像"，前两个主题主要涉及西方法律传统的两个源头——宗教与理性；后两个主题则主要涉及法含义的两个层面——国家与社会。

"神话"辑的三篇分别是对根据希腊神话《劫掠欧罗巴》、古埃及神话《奥西里斯审判》和《圣经》神话《创世记》而创作的艺术作品，围绕"秩序"观念进行的解读。神话本身蕴含着人类早期的法观念。在那里，法的涵义等同于秩序。追求安全的人类天性倾向于有序的社会生活。然而，人类天性中同时存在的生命冲动，又倾向于打破既定的秩序模式。"神话"辑第一篇正是从此种心理动因来解读神话、历史和艺术作品中表达的秩序观念。我们可以把这种解读看作是从时间层面的人对秩序的理解——正如现实法律秩序中的各种节庆规范，就像神话中和艺术主题中频频表现的英雄式劫掠、戏谑式暴力一样，既肯定了打破日常秩序的生命冲动之于构建日常秩序的价值，又规范了秩序与打破秩序之间的时间节律。而该辑第二篇则通过对由古至今的法视觉形象"天平"的解读，呈现了秩序观念的本质——均衡。古埃及莎草纸记录的《亡灵书》中的"称心画"表现的天平图像，在文艺复兴后兴起的一系列正义女神的艺术创作，以及当代世界各国法院的徽章图像，都体现了这种明确而永恒的秩序观念。"神话"辑第三篇通过米开朗基罗画作《创世记》，解读《圣经》中记录的恢复秩序的两种方式，体现了新旧约罪罚观念的变化——从惩罚到因爱得救，从肉身的报应到心灵的转变。

"先哲"辑中图话的古希腊三人，分别呈现了古典正义学说中有关法律正义的三个论题：第一，正义是看不见的，但客观存在，它是苏格拉底用生命践行的信条；第二，正义是至高无上的，它高于和优于世俗的法律和宗教的法律，它识别和指导一切由人制定的法，法的应然即关于正义的学说，统一于柏拉图关于理念形式超越现实的哲学总结之中；第三，正义学说的起点首先是"个人"，它源于《理想国》中柏拉图从个人正义到城邦正义的推演，同样体现在亚里士多德有关私有与共有、守法与友爱、公民伦理与政治生活的思辨之中。该辑中的三件艺术作品，直观且生动地呈现了上述法律正义的三个论题。该辑第一篇解读达维德画作《苏格拉底之死》的图像与内涵。该辑第二篇解读拉斐尔签字厅四主题壁画——从构思到细节无所不在地体现了柏拉图有关理念与形式、应然与实然的哲学和法律思想。该辑第三篇通过解读伦勃朗晚期艺术作品《亚里士多德凝视荷马》以及伦勃朗的艺术经历和信念,理解古典时代建立在"自我指向"之上的荣誉观念。

在国家法的层面,法律是主权者的命令。"主权者"辑展现了由古至今不同社会形态中的主权者形象,从罗马政制中的领袖——他们是马基雅维利描述的人格形象的君主——到混合过渡时期霍布斯构想的类人的君主形象,再到法国大革命中的人民主权的形象,最后到现代社会中看不见的君主的形象,也就是法的统治。现代社会中的不可见的主权者形象,首先出现在18世纪英国法律改革家边沁绘制的监狱设计图中。法国现代思想家福柯在其代表作《规训与惩罚》中详细描述了这个设计,并将对其设计理念的解读扩展到对现代社会各类规训机构的建筑结构的解释中,从而展现了现代社会权力的运行状态——从集中、可见走向分散和隐秘。

第四辑的核心主题是对国家法、法律理性的反思。该辑第一篇展现现代艺术家哈特利的人物肖像、萨维尼的民族精神肖像,以及孟德斯鸠法的精神肖像所共通的思想观念,思想家描绘的精神肖像指向制定法、主权者命令、法律理性背后的统一的思想观念。该辑第二篇通过毕加索的肖像画观看哲学,揭示理性程序、法律话语之后的司法过程中的情绪、偏见和人格因素,这些无法剥离的主观因素使得纯粹的法律理性的达成变得不可能。该辑第三篇从艺术图像扩展到与法律相关的技术人像。相比经典艺术作品的法律解读，该篇显得有些不同。考虑到一些现代艺术融合了科学技术进行创作，在某种程度上，技术人像是不是也可以看作是人工智能的艺术作品？网络时代人像记录方式的发展伴随着理性的发展，它与法律的发展方向是一致的。然而，理性又不等于全知和完美，现代人像技术的分类鉴别机制可能产生歧视的法律问题，人脸识别系统和用户画像技术等对个人信息的多次使用可能产生侵犯隐私的法律问题，这些古老的法治议题仍然需要在法律史的视域中得到理解。

传统法律理论和历史的研究多以文字文献的阅读和分析为主要手段，少数涉及图像资料的，图像研究的功能也只是辅助性的。本书将思想与图像、思想家与艺术家联系在一起，由图像出发重新观看法律的图景，并尝试在共同的思想史背景下，借鉴艺术图像学研究方法，从法律的角度重新解读历史中的图像，进而建立一种图像的法学叙事。

本书的解读主要围绕艺术作品展开，但它关心的并不是这些艺术作品的表现形式、美学内涵和艺术价值，而是作品背后的历史和思想。尽管图像解读需要首先描述视觉形象中的线条、材料和色彩等物质形态和表现，但这些描述最终围绕图像内容（母题）展开，以母题为线索，通过调动文献知识，解读母题、故事、寓意以及这一切背后深层次的思想和观念。这里，意义决定了形式。对图像形式的解读，最终服务于意义的阐释。

比较同类艺术史作品，从法学角度去观看图像，联系法律母题去理解图像，这些解读可能具有原创意义。对于读者来说，在打开这些图像和文字解读时首先获得的可能是一种"边缘体验"吧——超越法学院抽象的法条和教义，从艺术和审美的角度重新认识"法"，从东方到西方，回到古代又来到现代。如果在趣味中又抵达了深刻，接近了柏拉图所说的那种"总的精神"，我想也就实现了这番思想之旅的意义。在这样一个特别注重语言表达的时代，阅读图像保留了一种静默的美感。无论如何，我们还是应当保有一点点自己去体会、思想的空间。

陈 皓

2021年11月30日于北京

导论：绘制法律图像学

"距离"帮助我们获得对"此在"的认识，这种观点最早可以追溯到柏拉图在洞穴寓言中建立的"两个世界"。所谓科学，正是透过现象认识本质，在现实世界之外建立知识体系的世界。它是有意识地去建立新世界的。具体到法学的研究，实证的分析方法建立了"抽象"与"具象"的距离，价值的分析方法建立了"理念"与"现象"的距离。

而另外一类距离，是在无意识状态下产生的，那就是人的主观意识反映客观现象所必然产生的错位，是人与认识对象的永远无法消除的距离。语言、文字和图像是主观反映客观的记录，可以说，由人完成的一切的记录，都是主观反映客观的载体。正是这种距离，赋予人文社会科学研究以魅力。在阅读这些记录时，我们不仅可以从中读出"客观"，而且可以读出人在记录时必然留下的思想观念和情感倾向。正如历史哲学家柯林伍德所说，"一切历史都是思想史"。而其中最为珍贵的经典文献和艺术图像，正是人类思想的结晶，它们以不同的表达方式表达了共同的思想主题。

一、图像学的缘起

1. 人文社会科学的图像研究

对视觉形象的跨学科的解读,在哲学、心理学中已有存在,特别是哲学中的美学理论,从柏拉图、亚里士多德、阿奎那到康德、黑格尔、尼采,一直延续至现代思想家福柯、德里达、海德格尔的著述。[1] 弗洛伊德也曾经通过达·芬奇、米开朗基罗的画作,分析这些艺术家的人格,甚至性倾向。[2] 历史学和社会学中亦不乏以艺术作品为素材的研究,如葛兆光在"一般思想史"研究理念下关于图像证史的思考:《思想史研究视野中的图像》[3]《思想史家眼中之艺术史——读2000年以来出版的若干艺术史著作和译著有感》[4]《想象天下帝国——以(传)李

---

[1] 思想家的美学论述,如亚里士多德《诗学》,康德《论崇高感与优美感》,黑格尔《美学》,尼采《悲剧的诞生》《作为艺术的权力意志》,福柯《疯癫与文明》《词与物》中对绘画作品的解读,以及拉康《绘画中的真理》,德里达《定位中的真理的还原》,海德格尔《艺术作品的起源》,本雅明《机械复制时代的艺术作品》《摄影小史》,等等。对于这些论说的汇编,参见伍蠡甫、胡经之主编:《西方文艺理论名著选编》,北京大学出版社1985年版;〔美〕唐纳德·普雷奇奥西主编:《艺术史的艺术:批评读本》,易英等译,上海人民出版社2016年版。

[2] 弗洛伊德《达·芬奇的童年记忆》《米开朗基罗的摩西》《图腾与禁忌》等,参见〔美〕彼得·盖伊:《弗洛伊德传》,龚卓军等译,商务印书馆2015年版,第345页。该书第七章讲述弗洛伊德以精神分析的方法探索艺术、文学和史前史的领域。

[3] 葛兆光:《思想史研究视野中的图像》,《中国社会科学》2002年第4期。

[4] 葛兆光:《思想史家眼中之艺术史——读2000年以来出版的若干艺术史著作和译著有感》,《清华大学学报(哲学社会科学版)》2006年第5期。

公麟〈万方职贡图〉为中心》[1]。又如李孝悌编的《中国的城市生活》，借助图像艺术作品的资源，挖掘和解读其中的社会文化历史，包括心态、意识、象征、仪式等。[2] 陈平原、夏晓虹编注的《图像晚清》，对《点石斋画报》中的图文予以编辑整理，在导论中，编注者论述了图像之于美术史、文学史、科学史、宗教史、社会史、风俗史等研究的可能性。[3]《看图说书：小说绣像阅读札记》[4]《左图右史与西学东渐——晚清画报研究》[5] 均是此类调动图文两种资源对文学、文化、历史的阐发。文学领域图画解读的经典，也可见孟晖的《花间十六声》，在这本书中，图画为理解古诗的内容和含义提供了知识

---

[1] 葛兆光：《想象天下帝国——以（传）李公麟〈万方职贡图〉为中心》，《复旦学报（社会科学版）》2018年第3期。

[2] 李孝悌编：《中国的城市生活》，新星出版社2006年版。

[3] "对于晚清社会历史的叙述，最主要的手段，莫过于文字、图像与实物。这三者均非自然呈现，都有赖于整理者的鉴别、选择与诠释。……文字最具深度感，实物长于直观性，图像的优势，则在这两者之间。可一旦走出博物馆，实物只能以图像的形式面对读者。这时候，对晚清的描述，便只剩下文字与图像之争了。长期以来，我们更为信赖文字的记言记事、传情达意功能，而对图像，则看重其直观性与愉悦性。历史叙述之所以偶尔也会借用图像，只是为了增加'可读性'。对于绝大部分'图文并茂'的图书来说，文字完成基本的'事实陈述'与'意义发掘'，图像只起辅助或点缀作用。设想历史学家突出奇兵，主要靠图像说话，不是不可能，但绝非易事，因为这牵涉到图像制作过程的追踪，画面构成方式的解读，图文互动关系的阐释。对于中国学界来说，'读图'显然还是一门比较生疏的'手艺'。……对于《点石斋画报》的解读……所有研究者都是带着自己的问题意识来面对这四千幅图像的，不存在一个可供对照评判的'标准答案'。"陈平原、夏晓虹编注：《图像晚清》，东方出版社2014年版，导论。

[4] 陈平原：《看图说书：小说绣像阅读札记》，生活·读书·新知三联书店2004年版。

[5] 陈平原：《左图右史与西学东渐——晚清画报研究》，生活·读书·新知三联书店2018年版。

和准据。[1] 甚至在自然科学领域，也开始出现生物学与视觉艺术的交叉研究。[2]

跨越学科界限，以图像在研究中的角色、作用为标准，我们大致可将这些研究分为两类。第一类是将艺术作品作为思想载体的研究，视觉形象被解读为代表了某个更大意义的符号和象征。如福柯在《马奈的绘画》中解读观者主体意识在古典与现代绘画中的变化。他认为古典艺术如拉斐尔的《雅典学院》，以观看者为主体，为观看者保留了中心位置，而这种"主体意识"在现代绘画如马奈的《草地上的午餐》中，趋于消失。[3] 又如，受到女权主义的影响，伯格在《观看之道》中认为，文艺复兴以来的裸体绘画和色情作品一样，使女性成为物品，尤其成为一件视觉对象物，反映了男性的统治权力。[4]

---

[1] 孟晖：《花间十六声》，生活·读书·新知三联书店 2006 年版。
[2] 〔英〕约翰·奥奈恩斯：《神经元艺术史——科学与艺术的相遇》，张夏菁译，《中国美术报》2018 年 12 月 24 日，第 8 版。更多有关科学与视觉艺术的研究综述，参见〔美〕詹姆斯·埃尔金斯：《图像的领域》，蒋奇谷译，江苏凤凰美术出版社 2018 年版。埃尔金斯提出，图像的历史意义可在自然的图像中找到，甚至在蝴蝶翅膀的图案里。书中，埃尔金斯对使用科学的艺术、光学与绘画、色彩理论、艺术与解剖、医学图像、计算机生成的科学与艺术图像等研究予以总结，列举了相当丰富的研究成果（参见该书第 13—21 页）。此外，如 Robyn Roslak, "The Politics of Aesthetic Harmony: Neo-Impressionism, Science, and Anarchism", *The Art Bulletin*, vol. 73, no. 3, 1991, pp. 381–390; Linda Dalrymple Henderson, *The Fourth Dimension and Non-Euclidean Geometry in Modern Art*, Princeton University Press, 1983; Martin Kemp, *The Science of Art, Optical Themes in Western Art from Brunelleschi to Seurat*, Yale University Press, 1990; William Innes Homer, *Seurat and the Science of Painting*, Massachusetts Institute of Technology Press, 1964。
[3] 〔法〕福柯：《马奈的绘画》，谢强、马月译，湖南教育出版社 2009 年版。
[4] 〔英〕约翰·伯格：《观看之道》，戴行钺译，广西师范大学出版社 2005 年版。

《中国城市生活》中的两篇，亦为这类解读的范本。王正华的《过眼繁华——晚明城市图、城市观与文化消费的研究》，以晚明中国出现的一批描写都市风物的图像，包括绘画与版画，尤其是卷轴画中长卷形式表现的城市图为素材，以《南都繁会图》为中心，比较北京、苏州、杭州、南京等城市图像，如张择端《清明上河图》、王翚等《康熙南巡图》，观察非官方视角绘画中呈现的城市的特殊性，了解历史中人如何想象、呈现城市，以及与之紧密关联的城市观等问题。[1] 另一篇陈熙远《人去楼坍水自流——试论坐落在文化史上的黄鹤楼》，意在通过系列关于黄鹤楼的图像文本，包括《点石斋画报》1884 年"古迹云亡"大火的图像、1933 年大火前黄鹤楼照片、1999 年黄鹤楼照片、宋佚名《黄鹤楼》、元永乐宫壁画《武昌货墨》（黄鹤楼）、明佚名《江汉揽胜图》、清关槐《黄鹤楼图轴》，以及《湘军攻复武昌图》、明《长江图》、清《长江图》等，论述这个时兴时毁的建筑物在地理位置和建筑形态方面的变异，及其历百劫而不毁的原因——作为具象的黄鹤楼其实是一个不断被复写的文本，它是由文学艺术作品构建起来的——"在文本传统里不断复写的黄鹤楼，不仅为现实中毁损的黄鹤楼招魂，也提供了兴修历史现实中黄鹤楼的摹本"[2]。

另一类研究则将图像作为知识的载体，图像的存在对文字起到佐

---

[1] 王正华：《过眼繁华——晚明城市图、城市观与文化消费的研究》，载李孝悌编：《中国的城市生活》，新星出版社 2006 年版，第 29 页。
[2] 陈熙远：《人去楼坍水自流——试论坐落在文化史上的黄鹤楼》，载李孝悌编：《中国的城市生活》，新星出版社 2006 年版，第 357 页。

证和补白的作用。这类研究最早可以追溯到传统中国的金石学,通过对器物形制、文字、图案的著录和考证,达到证经补史的目的。现代文史学者的图像证史研究可以孟晖《花间十六声》为例,其中《床上屏风》一文,作者引杜牧诗:"银烛秋光冷画屏,轻罗小扇扑流萤。天街夜色凉如水,卧看牵牛织女星。"作者问,在一首露天纳凉的诗作中,怎么会有"画屏"也就是屏风呢?作者寻找到宋元画作中几幅描绘人们夏日纳凉的作品——宋代佚名作品《风檐展卷图》《荷亭儿戏图》,宋人王诜《绣栊晓镜图》——发现诗中描绘的是当时人们的普遍做法,继而考察床上安放多扇联屏这种习惯的最早记录,将东晋顾恺之《女史箴图》与《东宫旧事》等文献相互对照,考察文学画作中包括墓室中(如王处直墓室)、壁画中(如敦煌156窟唐代壁画《维摩诘经变》)等屏风绘制的内容。全书如此通过图画解读传统的日常的物,如枕、香、梳、衣、眉笔、胭脂等等。

在国内的法律史研究领域,图画解说也多突出其直观形象、丰富论说的功能。如徐爱国《西法肄言——漫话西方法律史》[1]、马小红《守望和谐的法文明——图说中国法律史》[2]。马小红在其著作导论中说,图文并茂的目的,在于尽可能客观描述中国古代法,矫正作者认为的一些误说,如中国古代法"以刑为主",进而提出中国古代法以官为纲的法律特征。另有日本近代法学家穗积陈重《法窗夜话》,故

---

[1] 徐爱国:《西法肄言——漫话西方法律史》,北京大学出版社2009年版。
[2] 马小红:《守望和谐的法文明——图说中国法律史》,北京大学出版社2009年版。

事体的法学小品集,在每一个短篇之后搭配与之相关的情境画或肖像画,与文字呼应,也能够提供一些新的知识素材,比如中世纪对动物的审判,审猫、审猪、审狗,水判、火判、决斗判等,类似新闻影像的功能。[1] 从图像角度解读传统法制,特别是明清司法审判制度问题的研究文献,有尤陈俊《清末民初画报中的衙蠹与劣幕》[2],徐忠明《建筑与仪式:明清司法理念的另一种表达》[3],杜金、徐忠明《索象于图:明代听审插图的文化解读》[4],杜金《故事、图像与法律宣传——以清代〈圣谕像解〉为素材》[5],等等。

2. 艺术史与图像学的图像研究

跨学科的视觉艺术的研究,将图像作为思想或知识载体,以获得视觉艺术与社会历史、文化思想的融通;对于艺术史、图像学的研究来说,图像本身不是载体,而是研究的起点和终点,是研究的核心——它表达的内容、风格、创作意图与创作者的个性、视觉要素的安排、构成作品的材料、媒介和技术以及赞助者等。然而,受到黑格

---

[1] 〔日〕穗积陈重:《法窗夜话》,曾玉婷、魏磊杰译,法律出版社2015年版。

[2] 尤陈俊:《清末民初画报中的衙蠹与劣幕》,载《中西法律传统》(第5卷),中国政法大学出版社2006年版,第444—450页。

[3] 徐忠明:《建筑与仪式:明清司法理念的另一种表达》,载《中国古代法律文献研究》(第11辑),社会科学文献出版社2017年版,第350—425页。

[4] 杜金、徐忠明:《索象于图:明代听审插图的文化解读》,《中山大学学报(社会科学版)》2012年第5期。

[5] 杜金:《故事、图像与法律宣传——以清代〈圣谕像解〉为素材》,《学术月刊》2019年第3期。

尔历史哲学影响的艺术史家、图像学家们，如温克尔曼[1]、贡布里希[2]、詹森[3]等，突破老普林尼[4]、瓦萨里[5]从风格谈艺术的传记式艺术史写作传统，开始重视艺术作品的社会历史、文化思想的背景，强调艺术发展与精神进步的呼应，强调艺术史的写作需要建立同一时期、同一风格艺术共同反映的社会思潮。[6]

这一观念贯穿了他们的艺术史写作，并反映在其他一些主要的艺术史作品中，如《艺术社会史》[7]《加德纳艺术通史》[8]《培生艺术史》[9]

---

1 温克尔曼，普鲁士艺术理论家，其代表作为《论古代艺术》，邵大箴译，中国人民大学出版社1989年版。
2 贡布里希，英国美学家、艺术史家，其艺术史类代表作有《艺术的故事》，范景中译，广西美术出版社2014年版；《艺术与错觉》，杨成凯等译，广西美术出版社2012年版。
3 詹森，美国艺术史家，其代表作为《詹森艺术史》，艺术史组合翻译实验小组译，湖南美术出版社2017年版。
4 盖乌斯·普林尼·塞孔都斯，世称老普林尼（与其养子小普林尼相区别），古代罗马作家，其代表作《自然史》述及绘画与雕刻。
5 乔治·瓦萨里，文艺复兴时期意大利艺术理论家，其代表作为《大艺术家传》，中译本名为《著名画家、雕塑家、建筑家传》，刘明毅译，中国人民大学出版社2004年版。
6 对西方艺术史的评介文论可参见刘伟冬：《西方艺术史研究中的图像学概念、内涵、谱系及其在中国学界的传播》，《新美术》2013年第3期；刘君：《近代欧洲艺术史典范的建构、传承与流变》，《历史研究》2018年第6期；曹意强：《图像与语言的转向——后形式主义、图像学与符号学》，《新美术》2005年第3期。
7 〔匈〕阿诺尔德·豪泽尔：《艺术社会史》，黄燎宇译，商务印书馆2015年版。
8 〔美〕弗雷德·S.克雷纳、克里斯汀·J.马米亚编著：《加德纳艺术通史》，李建群等译，湖南美术出版社2013年版。
9 〔美〕大卫·G.威尔金斯、伯纳德·舒尔茨、凯瑟琳·M.林嘉琳：《培生艺术史》，陆豪译，重庆大学出版社2019年版。

《艺术与观念》[1]《世界艺术史》[2]《艺术的起源》[3]《艺术史：1940年至今天》[4]《中国艺术史》[5]《欧洲漫画史》[6]等。这些艺术史作品在历史、社会、经济、宗教、文化的背景中，记述绘画、雕塑、建筑以及其他艺术品的外形与含义，如《加德纳艺术通史》编著者所说："艺术史的首要任务是明确艺术品的背景知识，艺术史家一直在试图了解这些人类历史的'持续性事件'为什么会是现在这个样子，为什么产生这些'事件'，以及是什么样的独特情境导致了特定建筑物或特定艺术品的产生。"[7]

巫鸿也将这一观念带入中国的艺术史研究，他提出了对艺术作品的解读应回归"原境"的理念。在他的代表作品《武梁祠——中国古代画像艺术的思想性》中，他从具体的图像、建筑、器物入手，拼接碎片，重构整体建筑体，继而通过建筑内的整体图像重现当时的审美和社会关系，通过考察武梁祠石刻与其他祠堂的关系及其他大环境，还原整个东汉时期的墓葬理念。[8] 他的礼仪美术研究，仍致力于发掘

---

[1]〔美〕威廉·弗莱明、玛丽·马里安：《艺术与观念》，宋协立译，北京大学出版社2008年版。
[2]〔英〕修·昂纳、约翰·弗莱明：《世界艺术史》，吴介祯等译，北京美术摄影出版社2013年版。
[3]〔法〕埃马努埃尔·阿纳蒂：《艺术的起源》，刘建译，中国人民大学出版社2007年版。
[4]〔美〕乔纳森·费恩伯格：《艺术史：1940年至今天》，陈颖、姚岚、郑念缇译，上海社会科学院出版社2015年版。
[5]〔英〕迈克尔·苏立文：《中国艺术史》，徐坚译，上海人民出版社2014年版。
[6]〔德〕爱德华·福克斯：《欧洲漫画史》，王泰智、沈惠珠译，商务印书馆2017年版。
[7]〔美〕弗雷德·S.克雷纳、克里斯汀·J.马米亚编著：《加德纳艺术通史》，李建群等译，湖南美术出版社2013年版，绪论。
[8]〔美〕巫鸿：《武梁祠——中国古代画像艺术的思想性》，生活·读书·新知三联书店2015年版。

图像的历史含义。巫鸿指出，为观赏而创作的艺术品出现于魏晋时期；而在此之前的青铜、玉器和画像等首先是为礼仪和实用目的而制作的，或为祭祀祖先或为宗教信仰，反映的是集体的文化意识。[1]同样，他的《清帝的假面舞会》从满汉关系、华夷关系解析雍正和乾隆皇帝的若干变装肖像。[2]在他对《女史箴图》叙事画的研究论文中，他将这种研究方法追溯至潘诺夫斯基[3]开创的美术史中的图像学研究方法。

潘诺夫斯基在其代表作《图像学研究：文艺复兴时期艺术的人文主题》中介绍了他原创的图像学研究方法，即解读艺术作品的三个层次：第一个层次，描述视觉形象中的线条、材料和色彩等物质形态和事实表现，他称之为第一性或自然主题，这是美术母题的世界，是前图像志的描述；第二个层次，通过哲学、历史、科学等文献知识，解释图像的故事和寓意，即"图像志"的分析层次；第三个层次，将前述纯粹的形式、母题、图像、故事和寓意视为各种根本原理的展现，潘诺夫斯基称之为深层的图像志分析，即从第三个层次开始，我们真

---

[1] 〔美〕巫鸿：《礼仪中的美术——巫鸿中国古代美术史文编》，生活·读书·新知三联书店2015年版，序言。

[2] 〔美〕巫鸿：《时空中的美术——巫鸿古代美术史文编二集》，生活·读书·新知三联书店2015年版，自序。

[3] 潘诺夫斯基，德国艺术史学家、黑格尔派哲学家，其代表作为《图像学研究：文艺复兴时期艺术的人文主题》，戚印平、范景中译，上海三联书店2011年版。"图像学"一词最早可以追溯到1593年切萨雷·里帕（Cesare Ripa）发表的一本附有插图的关于文艺复兴的小册子，书名为《图像学》(*Iconologia*)。该书一改传统艺术评论单纯就绘画的结构和色彩进行分析，转向解读艺术作品表达的思想内容，以及隐含的哲学或神学。这种解读方法又可以追溯到基督教对《圣经》的解读，其中最著名的阐释者为教皇格里高利一世（540—604年）。

正进入了"图像学"的研究。[1]

潘诺夫斯基关于丢勒的艺术创作与意大利人文主义、米开朗基罗的艺术创作与新柏拉图主义、哥特式建筑与经院哲学原则、尼德兰绘画与基督教象征符号传统、墓地雕刻与死亡哲学等充满惊人想象力的研究成果,为后来的图像学研究发展打开了想象的空间。

当代图像学研究发展从早期对艺术作品(主要是意大利文艺复兴时期的绘画作品)的解读,扩展到更广泛的图像资料和视觉文化领域。如芝加哥大学 W. J. T. 米歇尔的图像学三部曲对现代视觉媒介的解读;[2] 劳拉·穆尔维在《视觉快感和叙事电影》中,以女性主义角度作电影评论,并将电影纳入图像研究的范围;2005 年出版的霍洛韦和贝克主编的《美国的视觉文化》论文集,涉及电影、电视剧、摄影、绘画、插图、广告和新闻媒体等众多视觉材料,通过视觉文化视角展现由女性、种族、国内政治、国际政治、抽象主义、同性恋等问题构

---

[1] 〔德〕潘诺夫斯基:《图像学研究:文艺复兴时期艺术的人文主题》,戚印平、范景中译,上海三联书店 2011 年版,第 13 页,潘诺夫斯基将其概括成简图。理解潘诺夫斯基的图像学研究方法,亦可参见贡布里希的评论:"潘诺夫斯基代表了……艺术史中的德语传统。我曾经表明,这一传统可以追溯到黑格尔的历史哲学,这一传统喜欢运用时代精神和民族精神等概念,这一传统宣称,一个时代的所有具体显示即它的哲学、艺术、社会结构等等都是一种本质、一种同一精神的表现。结果每一时代都给看成是包含了一切的整体。持有这种信念的艺术史家用了极渊博的知识和机智来论证这类相互联系的存在。潘诺夫斯基也喜欢以其超众的才智和知识建立这种联系。"转引自范景中:《〈图像学研究〉中译本序》,《新美术》2007 年第 4 期。
[2] 芝加哥大学 W. J. T. 米歇尔的图像学三部曲为《图像学:形象、文本、意识形态》,陈永国译,北京大学出版社 2020 年版;《图像理论》,陈永国、胡文征译,北京大学出版社 2006 年版;《图像何求:形象的生命与爱》,陈永国、高焓译,北京大学出版社 2018 年版。

成的美国社会的种种侧面；[1]彼得·伯克在《图像证史》中对照片和肖像的解读；[2]唐小兵的《流动的图像：当代中国视觉文化再解读》通过梳理新中国成立以来的视觉图像及其范式转换，解读当代中国文化所蕴含的历史意义及其丰富性和多彩性；[3]弗朗西斯·哈斯克尔在《历史及其图像：艺术及其对往昔的阐释》中，将图像研究扩展到钱币、徽章、插图；[4]以及马尔科姆·巴纳德《理解视觉文化的方法》、艾美利亚·琼斯《自我与图像》[5]；等等。

目前国内已出版的"开放的艺术史丛书"，系运用西方的图像学研究方法解读中国古代画像等艺术作品的系列研究。除了前述巫鸿的研究，还包括杨晓能、杰西卡·罗森从古人观念思想角度对青铜器纹饰的解读；[6]孟久丽以叙事性绘画的视觉传统为线索，审视汉、唐、宋、晚明到清的士人精英阶层对于社会、政治或道德问题的看法。[7]

---

[1] 转引自〔美〕唐小兵：《流动的图像：当代中国视觉文化再解读》，复旦大学出版社2018年版，第5页。

[2] 〔英〕彼得·伯克：《图像证史》，杨豫译，北京大学出版社2018年版。

[3] 〔美〕唐小兵：《流动的图像：当代中国视觉文化再解读》，复旦大学出版社2018年版。

[4] 〔英〕弗朗西斯·哈斯克尔：《历史及其图像：艺术及其对往昔的阐释》，孔令伟译，商务印书馆2018年版。

[5] 〔英〕艾美利亚·琼斯：《自我与图像》，刘凡、谷光曙译，江苏美术出版社2013年版。该书同样涉及当代多种艺术实践，如摄影、数字图像化、行为艺术、机器人技术、电影和录像等。

[6] 〔美〕杨晓能：《另一种古史：青铜器纹饰、图形文字与图像铭文的解读》，唐根际、孙亚冰译，生活·读书·新知三联书店2008年版；〔英〕杰西卡·罗森：《祖先与永恒：杰西卡·罗森中国考古艺术文集》，邓菲等译，生活·读书·新知三联书店2017年版。

[7] 〔英〕孟久丽：《道德镜鉴：中国叙述性图画与儒家意识形态》，何前译，生活·读书·新知三联书店2014年版。

类似的研究还包括柯律格《长物：早期现代中国的物质文化与社会状况》[1]、乔迅《石涛：清初中国的绘画与现代性》[2]、白谦慎《傅山的世界：十七世纪中国书法的嬗变》[3]等。

二、法律图像学的兴起："法律中的图像"与"图像中的法律"

伴随着图像研究在人文社科乃至自然科学领域的发展，法学领域也开始出现运用图像学方法关联法律问题的研究。综合这些研究成果，我们可以将图像与法律的研究路径分为两类："法律中的图像"和"图像中的法律"。应当说明的是，法律中的图像研究，主要指对法律语境或情境中图像的研究；而图像中的法律研究，主要指通过与法律有关的图像——并不在法律语境或情境之中——解读法的观念或历史。

1. 法律中的图像

第一类"法律中的图像"涉及作为证据的照片、影像。如琼·凯在《以法律为艺术媒介：琼斯的茶室》中，对一段同性恋录像同时

---

[1] 〔英〕柯律格：《长物：早期现代中国的物质文化与社会状况》，高昕丹、陈恒译，生活·读书·新知三联书店2015年版。

[2] 〔美〕乔迅：《石涛：清初中国的绘画与现代性》，邱士华、刘宇珍译，生活·读书·新知三联书店2016年版。

[3] 白谦慎：《傅山的世界：十七世纪中国书法的嬗变》，生活·读书·新知三联书店2015年版。

作为司法证据和艺术影像的研究。[1] 这段录像既作为指控同性恋犯罪的司法证据，同时又成为艺术家电影创作的素材。论文通过展现同一素材在两种不同场域、立场、态度下的使用，呈现不同的价值导向和视觉效果，思考图像作为司法证据的客观性。根据作者的记述，1962年，曼斯菲尔德警察局秘密地把摄像头安放在曼斯菲尔德广场地下洗手间，拍摄同性恋性行为，这些影像成为起诉38名男子违反同性恋法案的证据。2007年，琼斯导演以该录像为主体素材，创作名曰《茶室》的电影。茶室，是同性性接触的公共厕所的俚语。作为司法证据的录像传达了对同性恋的憎恶，而艺术家琼斯通过重新调整录像的光线、时间、节奏、色彩、声音，展示了一种新的视觉体验。它既露骨又坦率，导演琼斯自称该影片是同性恋解放运动之前最真实的公共性爱纪录片。同一影像资料，既可以为反对者所用，也可以为倡导者所用。照片、视频等证据资料，看上去是直观有力的，但其中也伴随着使用者的思想倾向。影像在司法证据和艺术电影中表现的观念的反差和视觉效果的反差，促使人们思考，法律人如何看待特定的视觉媒介即图像、影像作为司法证据的客观性。

"法律中的图像"还涉及将律法书、法律建筑、室内装饰、法官服饰等法律之物作为艺术作品的研究，如彼得·古德里奇《识别法

---

[1] Joan Kee, "Towards Law as an Artistic Medium: William E. Jones's Tearoom", *Law, Culture and the Humanities*, vol. 12, no. 3, 2016, pp. 693–715.

律》[1]、科斯塔斯·杜兹纳《图像的合法性》[2]、安娜·劳拉·奈特尔《图像的力量与权力的图像：法律个案》[3]等研究。彼得·古德里奇指出，正义不仅要得到实现，而且要被看到，所以法律需要形象化的表达。法律仪式是一个舞台，司法审判需要戏剧式的论辩技巧，而那些早期刻在岩石、青铜器皿上的律法书本身就是象征正义和权威的图像，比如西方绘画中大量存在的摩西和律法书的故事。"书籍不仅仅是复杂的符号——它们是壮观的展示意义上的图像，是法律仪式中的道具，是司法和职业形象的一部分。"[4]彼得·古德里奇指出，法有漫长的图像表达和象征的历史，而在现代社会，法的象征化的表达在淡化。随着新媒体的出现，法律的剧场转向电视荧幕和滚动页面，法的形象通过法院官网、实时新闻和《波士顿法律》《犯罪心理》等新的媒介得到传播和观看。

安娜·劳拉·奈特尔则从图像与观者的角度，论述了法律如何通过形象、象征使"权威感"进入人们的内心，转化为遵守法律的信念。她称之为"形象法则的内化"。作者指出，在人类经验生活中，自诩公正的审判活动从来不会在一个随意的场合进行，通常会有一些布置和装饰。这些布置和装饰也从来不是随意的，而是意在传达超越凡俗

1　Peter Goodrich, "Screening Law", *Law and Literature*, vol. 21, no. 1, 2009, pp. 1–23.
2　Costas Douzinas, "The Legality of the Image", *The Modern Law Review*, vol. 63, no. 6, 2000, pp. 813–830.
3　Ana Laura Nettel, "The Power of Image and the Image of Power: The Case of Law", *Word & Image*, vol. 21, no. 2, 2005, pp. 136–149.
4　Peter Goodrich, "Screening Law", *Law and Literature*, vol. 21, no. 1, 2009, pp. 1–23.

的神圣感、权威感、公平正义感。如作者列举的"树"的形象。作者论述说，树被视为人与神的关系纽带，出现在许多审判的图像中，如斯堪的纳维亚人审判中的白蜡树、日耳曼人审判中的菩提树、1645年弗朗西斯·夸尔斯《牧羊人》中的宗教之树等。作者解读说，因为树作为天地之间的联系，使空间神圣，所以在此空间，在树下的审判，传达了一种超越人性的、公平公正的神圣氛围。作者继续解读说，审判场所的神圣性，以及由此而来的审判行为的神圣性，在今天的法庭中得到了延续。比如，用横杆或栅栏将审判空间与公众分隔开来的做法（英语 Bar 的含义）。又如通过高度对比传达的权威感，那些令人震撼的司法机关或立法机关的宏伟建筑、纪念碑，其设计理念就是要传达一种压倒一切的力量。除此，作者还详细列举和解读了其他体现法律权威感的视觉形象，如剑、权杖、王冠、天平、蒙眼的正义女神[1]甚至色彩等等。

　　法律需要形象化的表达，因此从功能的角度，图像可以起到这种传播效果；科斯塔斯·杜兹纳则指出以法律视角思考图像的另一问题，那就是法律需要图像的传播，允许图像的传播，但也会禁止某些图像的传播。柏拉图把艺术和诗歌排除在他的政治体系之外；科斯塔

---

[1] 对"蒙眼的正义女神"讽刺意义的解读可参见 Desmond Manderson, "The Metastases of Myth: Legal Images as Transitional Phenomena", *Law Critique*, vol. 26, 2015, pp. 207–223。国内关于正义女神之形象的解读，可参见冯象：《正义的蒙眼布》，载《政法笔记》，江苏人民出版社 2004 年版，第 119 页；戴昕：《正义的形象——对西方美术作品中正义女神形象的考察及其对法治话语的启示》，载《北大法律评论》第 7 卷第 2 辑，北京大学出版社 2006 年版，第 455 页；江玉林：《正义的图像学反思——从 Pieter Bruegel 的〈正义〉版画谈起》，《法学新论》2012 年第 39 期。

斯·杜兹纳也引述霍姆斯曾论及的色情读物与言论自由的关系——只有当艺术成为一种惯例和习惯的时候，法律才能欣赏艺术。在历史中，源于犹太传统"禁止雕刻偶像或任何类似东西"的诫命，致使很长时间法对视觉艺术抱有敌意——根据反圣像者的说法，最好的上帝形象由灵魂中的神圣话语形成，律法的言语和文字是至高的属灵表达，它们直接铭刻在心里，而图片引诱感官，腐蚀心灵，混淆了复制品和原型。在现代法律制度中，法律对图像的禁止，表现在对公共秩序、淫秽、版权、诽谤等法律下的艺术表达的限制，形成一套"视觉政策"。

除此，法律中的图像研究还包括法学家对美学、视觉艺术的论述，如上述科斯塔斯·杜兹纳的《图像的合法性》引述霍姆斯等法学家有关图像合法性问题的论述，以及文中涉及的有关视觉艺术的法律规范，包括著作权、版权、出版自由、制裁淫秽文学书刊以及文学作品侵犯他人名誉权的法律。不过，这个领域其实已经属于传统的法学研究领域。

2. 图像中的法律

图像与法律的第二类研究路径即研究"图像中的法律"，通过研究艺术作品中的法律意象来思考法学理论和制度实践。如劳拉·菲茨杰拉德《走向现代法律艺术》[1]、班尼特·卡佩斯《安迪·沃霍尔的电

---

[1] Laura S. Fitzgerald, "Towards a Modern Art of Law", *The Yale Law Journal*, vol. 96, no. 8, 1987, pp. 2051–2081.

椅》[1]，通过艺术作品读解法的理念或象征。劳拉·菲茨杰拉德于1987年发表在《耶鲁法律评论》上的《走向现代法律艺术》一文，开篇论述法学家、法官和艺术家同具有的创造力。法律创造了一个对与错、合法与非法、有效与无效的世界，创造了这个世界的标准和准则，这些标准和准则确定了人们在法律关系中的角色和地位；而艺术家也在画布中创造了视觉现实，当然艺术家的创作活动具有更强烈的个人色彩，且远不具有法的强制性格。

作者从创造力的比较入手，其实是想要在"事实"的层面建立法律和艺术的关联。对于法律来说，这就是法学家们思考的"事实与规范"的问题；而对于艺术家来说，如何观察事实、理解事实和表达事实，构成了现代艺术与古典艺术的分野。作者继而通过借鉴现代艺术对于事实的表达方式和哲学理念，思考法律中的一个具体规范及其背后的现代法治的理念。具体来说，作者从现代艺术家蒙德里安的艺术哲学中获得启发，以此解释美国宪法第十四修正案关于平等保护的理解和它的实践。为介绍作者所建立的这个关联，笔者将其观点及论证思路略述如下。

艺术源于模仿，这一表现传统从史前美术延续至19世纪，而现代绘画却摒弃了这一具象表现的传统，不再模仿物体、描述物体和再现可观察的世界，反而破坏了形象的原初的面貌。因为对于现代艺术

---

[1] Bennett Capers, "On Andy Warhol's Electric Chair", *California Law Review*, vol. 94, no. 1, 2006, p. 243. 除了"电椅"系列，安迪·沃霍尔与法律有关的著名艺术创作还有《13个头号通缉犯》，它是对各犯罪嫌疑人的面部特写。

家来说，视觉中的现实并不是真实的世界，他们开始思考图像的事实构成，想要建立一个真正的真实世界。蒙德里安的作品就是这种理念最纯粹的体现。蒙德里安认为，在这个表象世界之下隐藏着一个更为真实、持久的现实，而这种现实只能用最纯粹的符号来体现，所以，可见的世界完全从他的作品中消失了，只留下绘画构图的基本元素——线条和色彩，最终简化为直线和原色；再通过重构基本要素之间的比例、关系和节奏，呈现艺术家所理解的真实。

作者指出，这种颠覆传统、重建现实社会格局的理念，亦是现代法治的重大问题。正如蒙德里安的创作摆脱了传统形式风格，将事实表达简化为直线和原色一样，现代法治理念对人的界定也是摆脱了传统社会格局中义务与特权的结果，通过"净化"自我的艺术手法，将个体视为社会构成的基本要素，此为"平等"观念的由来。除了拆解元素，对于各元素之间关系的重构，具体到宪法中，表达为"类似情形中的所有人被同样对待"，这也意味着"尽量减少任何明显的不一样的对待"。

作者的论述并没有在如此浅显的关联关系中止步，通过继续思考蒙德里安的艺术哲学，联系美国的同性恋合法化问题、少数族群与女性的法律地位和待遇问题，作者对上述平等保护条款的一般化理解——"类似情形中的所有人被同样对待""尽量减少任何明显的不一样的对待"——提出疑问。她指出，当前宪法的目标是共性而不是差异性。当人们认识到被授权者与授权者的"不同"，"共同人性"的轮廓显然在很大程度上与权力主体的身份一致。如此的平等追求，实际上就是对"同化"的追求。作者将现代法治需要重视的这种"差异化"的意识与蒙德里安的构图理论类比。蒙德里安的构图理论不仅包含了两种截然不同的构成元素，而且还包含了三种基本颜色：红、黄、蓝。正是这种绝对的"他性"，使一种颜色成为原色，且永远不会相互融合以削减彼此本质上的不同。在现代法治中，人的形象是一个普遍的、一般化的"理性之人"，然而，作者认为，法律可以从蒙德里安的观点中获益，为人的差异赋予积极的价值，尊重每个人定义自我的权威性，并以此修正规范，建立基于差异考量的特别保护。

基于现代法治理念和现代艺术理念的共同性，作者非常大胆地建立了这种法与艺术的关系。但是从论证来看，有些联系比如认为蒙德里安的三元素是对差异性的颂扬，又似乎牵强附会，让人疑惑这种关联到底是确实客观的，还是作者的主观臆想？或者在该论文中，艺术作品的解读只是充当了理解法律的催化剂？

类似的研究再以班尼特·卡佩斯《安迪·沃霍尔的电椅》为例。与上文对蒙德里安作品的解读不同，法的主题直接呈现在沃霍尔的艺术作品中。2003年6月举办的一场沃霍尔标志性的电椅版画系列展览，引发了美国社会对死刑问题的再次关注和讨论。作者对作品的解读从多个角度展开，或通过沃霍尔个人经历（如他是捷克移民的儿子，父亲是个体力劳动者）解读他在作品中表达的政治立场和对死刑的态度；或解读作品中椅子的象征意义，"这把椅子被解读为，惩罚那些从根本上违反自然道德秩序的人的工具，或者是中世纪用来纪念腐败司法体系的残忍的刑具。椅子本身就浸透着一层又一层的文化表征，它承载着一层又一层的意义……"；或解读作品的观看视角，"沃霍尔将焦点从作为物体的画作转移到了作为主体的观众身上，以旁观者的身份，突出了观者所占有的空间……门上的标牌上还会有谁要求'肃静'呢？"；[1] 以及由此展开论述绘画史中一系列有关公开行刑的作品，如布鲁格尔《法官》（1559），迪博尔德·席林的公开行刑系列（1480），威廉·霍加斯《南海计划》中的轮刑（1721），马奈《马西米兰之死》（1867—1868），贺拉斯·皮平《被绞死的约翰·布朗》（1942）以及种种钉十字架绘画。

关于图像中的法律正义，《法的艺术：法律正义的艺术表达与图像（从中世纪到一战）》一书为目前较为全面和系统的研究成果。[2] 该论文集以法律正义在绘画、雕塑、素描、挂毯、版画和书籍中的艺术表现形式为主题，集合了历史学家、法律史学家和艺术史学家的最新研究成果（主要是法律史学家）。总论部分介绍图像学和法律图像学的一般理论，明确该书的定位，即解读艺术作品中的司法行政类主题，并介绍项目参与者围绕这个主题从不同角度的探讨。分论包含了解读西方艺术（主要是德国，也涉及法国、意大利、瑞士等）的各种案例研究，如该书第二卷解读表现法庭、市政厅、监狱、死刑执行场所、作为审判场所的教堂的绘画，第三卷解读涉及法官、律师等法律人物

1　Bennett Capers, "On Andy Warhol's Electric Chair", *California Law Review*, vol. 94, no. 1, 2006, p. 243.
2　Stefan Huygebaert, Georges Martyn, Vanessa Paumen, Eric Bousmar, Xavier Rousseaux (Editors), *The Art of Law: Artistic Representations and Iconography of Law and Justice in Context, from the Middle Ages to the First World War*, Springer, 2018.

的艺术作品，第四卷解读有关刑法、刑事司法、行政法等的艺术作品，第五卷解读正义场所的各种装饰。

分论中的图像研究，不是简单的"图像志"的整理性研究，而是潘诺夫斯基意义上的"图像学"研究。比如克莱尔·库奇（Clare Sandford-Couch）对以"体罚"为主题的图像艺术的历史考察。作者发现同一时期，教堂中绘制的地狱形象越来越可怕；而世俗法庭对体罚的使用却似乎有所减少，不过对体罚的详细描述却有所增加。作者提出，这种艺术转变是否揭示了一种转型过程中的法律哲学——从报应到功利主义正义。对罪人来世惩罚的描写越来越恐怖，这种强大的视觉效果可能起到了某种"视觉把戏"的积极作用，有助于缩小刑事司法实践与刑事司法修辞之间的差距。[1]

三、法律图像学的研究空间

在对前人研究的整理和重新审视的过程中，我们可以一再地获得非常珍贵的启发，并对这些分散在各种维度中的观察研究予以整理和系统化，冠以"法律图像学"的名称。作为一个年轻的法学分支学科，我们希望它能像"法律与经济""法律与宗教"一样，丰富法学学科的发展和对法的认识。

---

[1] Stefan Huygebaert, Georges Martyn, Vanessa Paumen, Eric Bousmar, Xavier Rousseaux (Editors), *The Art of Law: Artistic Representations and Iconography of Law and Justice in Context, from the Middle Ages to the First World War*, Springer, 2018, p. 11.

1. 界定法律图像学

首先，我们对法律图像学中的"法律"和"图像"予以界定。法律图像学意义中的"法律"限定为权威主体用以规范社会关系的规则和制度，既包括国家的、国际的法律，也包括地方的、区域的制度规范；既包括成文法、不成文的习惯，也包括法律的理论和实践；在某些情形中，也可能指向非常广泛的"秩序"的含义。而法律图像学意义中的"图像"，既包括"艺术作品"，即那些特别区别于日常生活的"艺术家"的作品，如诗歌、戏剧、音乐、电影、绘画、雕塑等表达形式；也可以扩展到现代大众传媒中的一些视觉图像，如照片、广告等等。法与艺术的交叉研究，其实并不限于"法律与图像"的研究。目前在"法律与音乐"的领域，也出现不少富有启发的研究成果。[1]然而，为了更为集中探索和研究的目的，本研究讨论的图像，主要指向绘画、雕塑、摄影、工艺品、徽章，甚至可以包括地图和建筑，并且是对某一或某些具体图像而非抽象图像理论的解读。这些图像或在法律的背景下产生，或与所关联的法律制度理念处于同一历史时期，

---

[1] 如，M. Paola Mittica, "When the world was mousiké: on the origins of the relationship between law and music", *Law and Humanities*, vol. 9, no. 1, 2015, pp. 29–54, 作者通过解读古希腊罗马文献，探讨法律与音乐关系的起源，列举古代文献中的例子，如梭伦的政治法律活动、斯巴达音乐教育，来论述音乐如何对古代立法产生影响，以及音乐的疗愈和恢复和平秩序的功能。又如，Claudius Messner, "Now This: On the Gradual Production of Justice Whilst Doing Law and Music", *Int. J. Semiot. Law*, vol. 31, 2018, pp. 187–214, 作者认为法律是一种社会实践或表演行为，继而探讨"演奏"在法律和音乐中扮演的角色，并更为详细地考察了爵士表演与现代法律的一致特征，对当代司法实践的特殊审美予以批判性分析。

或在其中明确表达了法律的主题。艺术图像作为法律图像学研究的主要素材,原因在于,和经典文献一样,与法律相关的艺术图像是思想的结晶,它具有更为丰富和更有价值的解读空间。法律图像学中的图像研究几乎等同于艺术,但不限于艺术作品。评判图像能否被纳入研究,取决于这些图像在法律思想和历史方面所具有的解读空间。

目前,国外学者对视觉符号中的法律有较为丰富的研究,作为研究主体的图像与视觉符号是何种关系?涉及图像与法律的研究都属于法律图像学的范围吗?这里涉及法律图像学与视觉法学、徽章符号研究的联系与区分。

(1)法律图像学与视觉法学的区分。在数字化时代,图像及监控录像等更多地进入法律程序,进入公民生活,促使法律及其运行以更为直观的方式呈现(被观看)。视觉文化以及其中被称为视觉法学的研究,虽然同样以法律图像为素材,但在研究视角上根本有别于法律图像学的研究。因为视觉法学研究的重点不是图像本身,而是图像与观者的关系、观者的视觉体验(在视觉文化研究中被称为"主体性")、图像的视觉效果,特别是这些体验和效果可能带给法律本身的冲击和转变。严格来说,视觉文化研究所延伸出的视觉法学研究是法律社会学的研究分支,即图像的法律效果,法律图像与特定情境的互动关系。[1]因为视觉法学侧重研究主体问题,所以许多关于正义的

---

[1] 视觉法学是对法律图像观看效果的研究,如图像证据可能对法律实践和法学的影响,法庭对图像证据真实性和客观性的判断。如Alison Young, "Arrested by the Image", *New York Law School Law Review*, vol. 57, no. 1, 2013, pp. 77-83,作者指出,数字图像的存在依赖于主体,观看本身证实了主

视觉描述的文章,虽然题目中涉及"图像",但并非针对图像本身的研究,甚至有些文中并不包含任何图像。[1]而对图像本身的解析,或形象地说,让图像"说话",是法律图像学的研究中心。

体立场。同类研究亦如Nathan Moor, "Image and Affect: Between Neo-Baroque Sadism and Masochism", *New York Law School Law Review*, vol. 57, no. 1, 2013, pp. 97-113; Francis J. Mootz III, "Law among the Sight Lovers", *New York Law School Law Review*, vol. 57, no. 1, 2013, pp. 61-74; R. K. Sherwin, "Visual Jurisprudence", *New York Law School Law Review*, vol. 57, no. 1, 2013, pp. 11-39等。其中穆兹(Mootz)论文引述舍温(Sherwin)著作(*Visualizing Law in the Age of the Digital Baroque: Arabesques & Entanglements*, Routledge, 2011)中的一个例证,令人印象深刻——它涉及作为庭审证据的纪录片可否成为法律有效判断依据的问题。在一个监护权纠纷案件中,妻子被指控策划谋杀她的丈夫,妻子聘请了一名专业摄像师来记录女儿与丈夫的一次会面。视频中有一个令人心酸的场景,女儿紧紧抱住母亲,母亲阻止其丈夫把女儿带走。舍温提出,作为观众的陪审团,如何在这些视觉形象引发的情感过剩甚至欺骗中,仍然保持理性判断? 此外,Neal Feigenson, "The Visual in Law: Some Problems for Legal Theory", *Law, Culture and the Humanities*, vol. 10, no. 1, 2014, pp. 13-23; Elizabeth G. Porter, "Taking Images Seriously", *Columbia Law Review*, vol. 114, no. 7, 2014, pp. 1687-1782;这些研究进一步分析了视觉材料的泛滥给法律判断带来的问题。以及,舍温与弗格森(Feigenson)等合作的另一篇论文,思考数字时代的视觉传播技术如何改变法律的实践、理论和教学。Richard K. Sherwin, Neal Feigenson, Christina Spiesel, "Law in the Digital Age: How Visual Communication Technologies are Transforming the Practice, Theory, and Teaching of Law", *Boston University Journal of Science & Technology Law*, vol. 12, no. 5, 2006, pp. 227-270. 除了作为证据的图像,视觉效果的法律研究也拓展到私法领域,如Jay A. Mitchell, "Whiteboard and Black-Letter: Visual Communication in Commercial Contracts", *University of Pennsylvania Journal of Business Law*, vol. 20, no. 4, 2018, pp. 815-862。该文论述视觉视图可能在交易中发挥的作用。

1　Linda Mulcahy, "Eyes of the Law: A Visual Turn in Socio-Legal Studies?", *Journal of Law and Society*, vol. 44, 2017, pp. 111-128. 虽然题目中出现Image,但其实并不是针对图像本身的研究,如文中作者列举Cotterrell, "Law's Community: Legal Theory and the Image of Legality", *Journal of Law and Society*, vol. 19, 1992, pp. 405-422; C. Piper, "Divorce Reform and the Image of the Child", *Journal of Law and Society*, vol. 23, 1994, pp. 364-382; K. Economides, "The Country Lawyer: Iconography, Iconoclasm, and the Restoration of the Professional Image", *Journal of Law and Society*, vol. 19, 1992, pp. 115-123; R. Lewis and A. Morris, "Tort Law Culture: Image and Reality", *Journal of Law and Society*, vol. 39, 2012, pp. 562-592。

（2）法律图像学与徽章符号等研究的联系与区分。徽章符号本身的研究价值在于其象征意义。如彼得·古德里奇所说，徽章中的颜色、构图及其与文字的关系，被看作血统、等级、官职、神圣性和荣誉的象征，它是一种"隐藏着某种东西的表现形式"[1]。这些素材可能有助于研究法的"象征"等问题。对徽章符号的研究可以作为法律图像学的组成部分。准确来说，徽章符号可以作为法律图像学的研究素材。

其次，在研究方法上，法律图像学借鉴图像学研究方法，借鉴潘诺夫斯基的三层次的图像解读：第一个层次，描述法律图像的物质形态和事实表现；第二个层次，通过法学、哲学、历史、科学等文献知识，解释法律图像的故事和寓意；第三个层次，将前述物质形式、主题、故事和寓意视为各种根本原理和思想的展现，通过艺术作品获得对法律自身知识和理念的理解。在这个研究维度中，法律与艺术学分享哲学、历史学和社会学各人文社会科学的文献和智慧。通过艺术史和重要博物馆的记录，尽可能了解更多的艺术作品，在其中搜索可能作为法律研究的素材；也需要从目前已获得的资源中，进一步检索关于法律与艺术的论著、期刊、网站、会议、其他有关图解论文等等，在全部的历史中搜索法与图像的互动。除了西方艺术资源，本书也同样重视运用图像学研究方法解读中国历史中的法律图像。

法律图像学试图构建一种新的系统的法律史研究媒介。这种媒介

---

[1] Peter Goodrich, "Devising Law: On the Philosophy of Legal Emblems", *New York Law School Law Review*, vol. 57, no. 1, 2013, p. 133, 彼得·古德里奇在注释中总结了法律徽章研究的文献，其中总结性的研究成果为 Valarie Hayaert, *Mens Emblematica et Humanisme Juridique*, Oxford University Press, 2008。

是图像，它是与文字相当的，是思想和知识的表现形式。但是法律图像学所研究的图像有特别的限定。它首先排除了大部分"法律中图像"的研究。这些图像包括：（1）作为证据的照片、影像，因为这些图像作为"视觉法学"的研究对象，处理的是图像的效果以及图像与主体性等问题，而法律图像学致力于从图像中发现并阐释其中的思想或知识。（2）法庭建筑、法庭服饰、律法书、法槌等，因为这些法律图像具有明显的功能性，而功能性过强的法律图像不具有（或较少包含）学术研究意义上的解读空间。当然，我们不是一概排除对这些法律之物的解读，关键在于审视这些图像是否具有的解读空间。（3）涉及著作权、表达自由等法律问题的图像，因为这些图像研究已经进入传统法学研究的范围。

除了这种排除式的图像界定，目前我们很难明确列举法律图像的类型类别，不过，我们可以从研究目的上锁定可以纳入法律图像学研究的图像。服务于法律图像学研究目的的图像，即可能为法律思想和知识提供解读空间的"全部"图像。由此，我们可以从法律思想和历史两个维度展开对图像的收集、整理和分析，建立法律图像学的两个知识维度：（1）"思想史视野下的图像研究"，从人物思想展开，主要研究在共同的思想史背景下，艺术观念史、艺术家思想与法律思想史的律动；（2）"制度史视野下的图像研究"，从法律主题展开，主要研究视觉艺术中与法律制度相关的各类主题，如主体、行为、制度等法律知识主题。另外，虽然两个分论题按照现有的法律史具体研究方向进行划分，但是其中的具体论题不必拘泥于现在的法律思想史和制度史的时间序列或人物序列。所以，有些图像表面上看似乎与法律没有直接关系，比如劳拉·菲茨杰拉德对蒙德里安艺术作品、艺术思想和美国宪法的研究，然而，在艺术与法律对"何为现代"的共同的思想解读背景下，通过艺术作品的解读获得对法律思想理解的启发，我们也可以将这种研究纳入法律图像学的范围，这正是上文所说的"思想史视野下的图像研究"的含义。但是，在将要展开的研究中，要尽量避免只是可能产生"启发"的图像，尽量选择蕴含法律元素并与法律问题具有确切关联的图像。

因此，法律图像学以图像为法律思想和历史的研究媒介，其所研究的图像完全服务于法律思想和历史解读的目的，以此确立法律图像学特定的研究对象，这个研究对象及所借鉴的艺术图像学研究方法，有别于传统法学、法律史学、作为视觉文化学和法律社会学延伸的视觉法学等图像研究的对象和方法。法律图像学因此可以成为一门独立的法学分支学科，同时为传统的以文献为主要研究资料的法律史研究带来一种新的视野。

按照这样的界定，在现有大量关于法律和图像的研究成果中，典型的法律图像学研究并不多，如前述《法的艺术：法律正义的艺术表达与图像（从中世纪到一战）》、彼得·古德里奇《识别法律》、安娜·劳拉·奈特尔《图像的力量与权力的图像：法律个案》、班尼特·卡佩斯《安迪·沃霍尔的电椅》、徐忠明《建筑与仪式：明清司法理念的另一种表达》，以及巫鸿的研究中涉及传统中国法观念的部分。此外还包括卡拉伯恩《酷刑的形象：文化、政治和权力》[1]、艾斯默《法律与律师的形象》[2]、马尔凯西《观察女性：19世纪法庭场景插图中的女性和公共领域》[3]、温考特《法律与社会中的福利形象：比较视角下的英国福利国家》[4]、曼德森《法律的形象与法律的形象：殖民统治的表征》[5]等。

2. 法律图像学微观思绪

首先分析法律思想史视野下的图像研究方法。回顾前文已经评介的劳拉·菲茨杰拉德《走向现代法律艺术》，作者通过现代艺术理念重新解读平等保护条款，全文的论证实际暗含着这样的一个前提，即现代艺术理念与现代法律理念具有一致性。这也正是艺术史、图像学、艺术人类学、艺术社会学共同预设的前提。但为什么读罢全文后我们不能对此论证产生特别信服的感受？仔细思想，我们会发现，作者把这种联系具体化为艺术图像与法律文本的一一对应的关系，比如蒙德里安绘图中的三种原色，代表了作为法律基本元素的个体先在的

1　E. Carrabine, "Image of Torture: Culture, Politics and Power", *Crime, Media, Culture*, vol. 7, no. 1, 2011, pp. 5-30.

2　M. Asimow, "Perception of Lawyers: A Transnational Study of Student Views on the Images of Law and Lawyers", *International Journal of the Legal Profession*, vol. 12, no. 3, 2005, pp. 407-436.

3　L. Mulcahy, "Watching Women: What Illustrations of Courtroom Scenes Tell Us about Women and the Public Sphere in the Nineteenth Century", *Journal of Law and Society*, vol. 42, no. 1, 2015, pp. 53-73.

4　D. Wincott, "Images of Welfare in Law and Society: The British Welfare State in Comparative Perspective", *Journal of Law and Society*, vol. 38, no. 3, 2011, pp. 343-375.

5　Desmond Manderson, "The Law of the Image and the Image of the Law: Colonial Representations of the Rule of Law", *New York Law School Law Review*, vol. 57, no. 1, 2013, pp. 153-168.

并且不应被同化的"差异"。这种一一对应的联系就带有很强的主观臆断的色彩，而不是一种客观的、确实的关联。实际上，这也是图像解读很容易掉落的一个陷阱。我们如何在共同的思想史背景下，建立图像与法律哲学的客观的、确实的关系，使法律图像学研究成为真正的科学研究，而不是文艺随笔？这里还应当注意图像学一直以来被人诟病的一个问题——如何避免结论的空洞和空泛，也就是将一切的关联都归到大而化之的已成为通说的思想史的认识上。简而言之，法律图像学研究一方面应避免论证过程的主观臆断，另一方面应避免论证结论的庸俗化。我们的初衷即通过对艺术作品的解读，"充实"和"刷新"对法律历史、理论和思想的认识。主要方法是将图像解读建立在更多的文献和图像之上，把研究图像放置在全部的历史文献和历史图像之中相互印证地解读，而非对孤立的唯一的图像进行解读。另外，也要尽量避免选择艺术作品与法律关联过于遥远的研究。

那么，如何建立艺术作品的理念与法律思想的客观和确实的关联呢？首先是选材的问题。在学科初创期，大量的法律图像都没有被开垦，不妨首先选择一些经典的明显与法律思想史上的人物或思想主题相关的艺术图像。比如1878年法国画家达维德的新古典主义美术作品《苏格拉底之死》。作为革命者的画家达维德为革命创作的《苏格拉底之死》，本身包含着丰富的思辨意涵。在古希腊，苏格拉底是通过民主制度被判有罪的人，是社会秩序的颠覆者，入狱后本有机会逃脱，却自愿选择接受现行法的制裁，转而成为法律秩序的捍卫者。从革命的角度理解苏格拉底之死，为我们理解"守法即正义"打开了一个新的视角。对于一个革命者来说，革命是颠覆旧秩序、实现正义的行为，如何理解革命与现行法秩序的关系？如何理解革命与理想法秩序的关系？"守法即正义"的信念和为此的牺牲，其中的关切，是人与外在秩序的关系还是人与自己的关系？或许我们可以通过阅读更多的古典文献，获得苏格拉底的"守法即正义"的固有含义；通过解读新古典主义画作和历史文献，尤其是达维德的画作和有关达维德的历史文献，获得本身参与到革命事业中的达维德对于这个问题的立场；再重新审读该画作的构思和这些思想观念的画作式的表达，并结合对法国大革命的反思，为理解"革命""守法"与"正义"提供一个新的解说维度。

按照这样的思路，一系列的研究得以展开。比如我们或许可以从米开朗基罗的《创世记》和《最后的审判》中思考基督教中的"罪罚观念"，也或许可以从中国古代的各类叙事画中考察礼法观念在官方和民间的表达。对各个具体题目的确定是一个勘探的过程，首先要在视觉艺术中寻找法律理念的图像表达，就像从矿石中寻找贵金属。一切思考只有在对尽可能丰富的图像资料进行阅读归纳之后才有价值。

不同于思想史视野下的法律哲学的研究，制度史视野下的图像研究是比较直观地展现法律主题的，比如描绘酷刑、审判的场景。但是这种直观也会导致研究的浅尝辄止，使图像沦为法制史文论的镜像表达和补充论证，从而丧失研究的意义。学习前人研究成果，我们可以看到富有启发的研究的共同特点，即特别突出多类图像素材的甄别、比较，发现其中潜在的历史线索——在前述《法的艺术》中收录的论文，大多是此类制度图像的研究，还包括巫鸿的研究。如前述克莱尔·库奇对以"体罚"为主题的图像艺术的历史考察和整理，仅仅是研究的基础，而将这些图像与同一时期世俗法律规范进行比较，发现变化和差异，这才是研究的开始。

又如前述安娜·劳拉·奈特尔的论文，她列举各时期各类别艺术图像中能够体现法律权威的象征物，包括一系列"树"的形象。作者解读树所代表的神圣性观念，论述该神圣观念在古代审判场所的体现，乃至在现代审判场所神圣性的延伸。因此，多类图像从法律权威和审判场所神圣性的思路下得以整理和呈现。再如前述琼·凯的论文《以法律为艺术媒介：琼斯的茶室》，呈现了电影艺术和法律制度对同一影像主题截然不同的态度，以此反思视频资料作为司法证据的客观性。这些研究都非常注重把类比和比较的方法运用在尽可能多的图像资源和文献资源中，围绕一个"超图像"的法律主题把这些资源凝聚在一起。

按照这样的思路，我们可以设想一下艺术图像在这些法律主题项下的整理和研究：法律正义的图像，罪的图像，誓言与契约的图像，婚姻制度的图像，加冕等表现王权的图像，惩罚的图像，审判的图像，监狱的图像，投票器的图像，法官的图像，象征法的动物的图像，性禁忌的图像，雕刻法律文本的图像，等等。

所以在"母题"的基础上，我们或许可以建立东西方艺术图像的统一的解读框架，突破传统的线性（以时间为主轴）的法律历史的阅读和写作，甚至可以尝试展开同一母题的中西比较研究。前述两个分论题中同时包含对西方和中国艺术资源的考察，不过在此处特别论及研究中国法律图像的一些问题。如东西方法律图像中的正义（或法律权威）的象征，东西方法律图像中的人物（如法官、女性等），东西方法律图像中的行为（如审判、行刑等），东西方法律图像中的地狱和冥界，等等。

统一解释框架除了从母题的角度，还可能从功能的角度建立，比如教化的角度、仪式的角度、纪念的角度等。在古代中国，为观赏而创作的艺术作品出现于魏晋，在此之前的青铜器、玉器、画像等首先服务于礼仪和实用的目的。目前，艺术史已有一些从功能角度出发的图像研究，比如作为礼器的青铜制品研究，以及作为汉文化表征的汉代画像研究。法律图像学试图借鉴图像学解读图像的方法，借鉴艺术史资源，从法律的角度去审读历史中的图像，尝试为这些图像建立法学的叙事。这种镜像式的参照或许会有一些新的有意思的发现。

中国的视觉艺术作品中有着丰富的社会历史和法律制度文化的表达，除了前述艺术史和历史学研究中的例子，即使是那些看起来好像解读空间非常有限的文人画和书法作品，也都可以为法律文化、礼仪制度的解读提供丰富的资源和介质，反映历代相传的正统思想。[1] 如唐张彦远所说："夫画者，成教化，助人伦。穷神变，测幽微，与六

---

[1] 如白谦慎从思想和制度角度的中国书法研究：《傅山的世界：十七世纪中国书法的嬗变》，生活·读书·新知三联书店 2015 年版；《与古为徒和娟娟发屋：关于书法经典问题的思考》，广西师范大学出版社 2020 年版；等等。

籍同功……"[1]前述艺术史学家巫鸿、杨晓能、白谦慎、石守谦、柯律格、张朋川等运用西方的图像学研究方法解读中国古代的艺术作品，为我们研究其中的法律文化、礼仪制度提供了借鉴。已出版的中国艺术史汇编类的资料也为研究提供了基础性的资源。

当我们缓缓地打开《韩熙载夜宴图》的长卷，或者置身于空无一人的有拉斐尔绘制壁画的梵蒂冈宫签字厅，我们首先获得的是一种强大的美的视觉冲击力。美，是这些图像能够长久保存下来的首要原因。然而，美并不是这些图像价值的全部，并且如果单从审美的角度出发，很可能产生误读。谁能单从夜宴图中读出，在南唐沉浮不定的政局中，韩熙载故作沉湎声色之态？如果不具有文艺复兴和古希腊的文献阅读基础，如何体会拉斐尔在四幅主题壁画中，全部以柏拉图为核心的精巧构思？

"真"是美的基础。法律图像学的研究需要我们越过艺术图像的美的光芒，把它看作是思想史中高度浓缩的思想文本。而我们需要做的，是和阅读传统文献一样将其安放在全部历史文献中，相互印证地阅读和阐释。翻开艺术史的画卷，其实我们并不能自动地获得对法律史的新的解读。在很长的时间内，我们将会苦于难以寻找到恰当的法律图像。但我相信，在全部的图像中都潜伏着法。这是目前的图像学研究以及目前零星的法律图像研究尚未全面开垦的时空。

---

[1] 译文："绘画这门艺术，可以起到教育、感化的作用，帮助人们确立生活和行为的道德规范。它极尽神妙无穷的变化，足以探寻深远微小的事理，堪称与经书典籍的功用相提并论……"[唐]张彦远：《历代名画记全译》（修订版），承载译注，贵州人民出版社2009年版，第2页。

当下法律与人工智能的讨论热潮将法学研究推向极简的技术化，想象数字背景下的法可能在现代社会、现代人群中扮演的角色。然而，只要法律中存在人的因素，就一定存在复杂的人性，使法律永远无法被简化和技术化。如此，我们不妨回到古老的作为公平、善良之艺术的法，回到法律史和艺术史丰富的文献资源中，探索图像的法律密码，而这些图像同样期待着法学家的眼睛。

神 话

戏谑与秩序:《劫掠欧罗巴》释义

油画、神话和历史记述中的"劫掠欧罗巴"

提香《劫掠欧罗巴》,创作于1562年,现藏于伊莎贝拉·斯图尔特·加德纳博物馆

伦勃朗《劫掠欧罗巴》,创作于1632年,现藏于保罗·盖蒂博物馆

我们现在看到的这两幅画作,分别为意大利画家提香(Tiziano Vecellio,1488/1490—1576)和荷兰画家伦勃朗(Rembrandt van Rijn,1606—1669)以同一主题"劫掠欧罗巴"进行的创作。虽然两幅画作在色彩、构图上有较大差异,却都突出表现了那个在白色公牛背上的少女大声呼救的情形。在提香的画中,公牛在水面奔走,少女

仰面倚在牛背上，一手紧抓着牛角，怕跌落水中，一手高高举起，挥舞她红色的飘带。她的身姿和面容都显示出惊恐和紧张。远远的水岸处，几个女子也朝着公牛背上的少女焦急地呼喊着。橙红色的天空中以及水面上的三个小天使追随着公牛和少女远去。不同于提香画作中热烈的氛围，伦勃朗的作品通过幽暗的色彩和大面积的森林，赋予这个劫掠故事以神秘的气氛。画面同样呈现了少女和女伴们的意外、惊慌，牛背上的少女同样紧抓住牛角，恐惧地、无奈地回望岸边向她呼喊的同伴。

画作主题"劫掠欧罗巴"源于古希腊神话故事。画面中那个被公牛劫走的女子叫作欧罗巴，她是亚细亚地区腓尼基（今黎巴嫩）阿革诺尔国王的女儿。神话中，在一个清晨，她和女伴们来到海边的草地上采摘花朵，编制花环。天神宙斯看见了这个美丽的女孩，想要俘获她、拥有她，又惧怕自己善妒的妻子赫拉，于是变成一只高贵、华丽又温顺的公牛，出现在女孩面前，爱慕地望着她，诱使她爬上牛背。当宙斯达到目的之后，就一跃而起，奔向大海。无论女孩如何呼救，都不停止，一直奔走到一片新的陆地——克里特岛的田野，才显出原形。宙斯与欧罗巴结合，生下三个孩子，在此地繁衍，并将这块新大陆以女孩的名字命名——欧罗巴（欧洲）。这个神话故事最早可以追溯到古希腊诗人赫西俄德的《神谱》《名媛录及欧荷欧》以及古罗马诗人奥维德的《变形记》。后来德国作家施瓦布编订的《希腊神话和传说》也收录和重述了这个故事。施瓦布的讲述更为详细地描绘了被劫掠女孩在整个过程中的心理感受。

在欧罗巴被劫掠的前夜，她做了一个梦，梦见一个异乡妇人（代表欧洲）和本地妇人（代表亚细亚）争着要占有她。施瓦布不仅描绘了这个梦，还描绘了梦中女孩的心理感受。他说，最奇怪的是，在她们的争斗中，欧罗巴没有挣扎也没有试图拒绝这个异乡妇人。施瓦布评论说，梦是虚幻的，但骨子里总是包含着真实。所以，当欧罗巴被骗上牛背，在海浪中疾驰时，她确实感到恐怖，然而，当欧罗巴抵达海岛，看见面前如天神一般的男子时，她便在忧愁和寂寞中接受了宙斯。回过神后，她又感到绝望、懊悔和自责，最终靠着女神阿芙洛狄忒的安慰，以及对命定的服从，接受了这一切。[1]

　　如果借用施瓦布对梦的评论，对照希罗多德《历史》开篇对女性劫掠引起欧亚争战的记述，我们也可以说，神话是虚幻的，但骨子里也包含着真实。根据希罗多德的记述，东方与西方最初的争端，源于腓尼基人在希腊阿尔哥斯这个区域做生意的时候，劫掠了希腊国王伊那柯斯的女儿伊奥，将她和其他一些妇女带到了埃及。于是某些希腊人（希罗多德推测说是克里地人），出于报复，在腓尼基的推罗登陆，劫掠了他们国王的女儿欧罗巴。这个事件恐怕正是劫掠欧罗巴神话的原型。后来希腊人再次劫掠亚细亚地区科尔启斯国王的女儿美地亚。双方交涉要求赔偿，但并没有成功。因为在腓尼基人看来，如果不是妇女自己愿意，她们绝不会硬给劫走；在最初的争端中，伊奥并不是被劫掠的，而是自愿的，她是在已经怀孕的情况下，跟随腓尼基人的

---

[1]〔德〕施瓦布：《希腊神话和传说》，楚图南译，人民文学出版社1959年版，第35—39页。

船队悄悄离开的。[1]虽然希罗多德也无法分清到底哪一种说法合乎事实,不过在他看来,正是这种出于相互报复的女性劫掠,成为后来一代亚细亚地区特洛伊王子帕里斯劫掠希腊斯巴达王后海伦的渊源。并且,腓尼基人并不在乎希腊人拐走妇女这件事情,然而,希腊人却认为劫夺妇女是坏人的勾当,会因此复仇,甚至纠合一支大军,为一个女子争战数十年。这便不再是单纯劫掠资源引起的纷争,而是对事件性质在认知观念上的深刻冲突了。

所以,在历史事件中,被劫掠的女性是"被迫"还是"自愿"的,本身就是一个说法不一的问题。在古希腊和古罗马时期的艺术图像中,也存在不少取材于"劫掠欧罗巴"神话传说的创作。如古希腊时期的陶瓶、酒杯上少女和公牛的图像,古罗马时期的马赛克地砖上少女和公牛的图像。在这些图像中,我们看不到少女的任何挣扎、恐惧,相反,图像中和公牛在一起的少女安详而恬静。

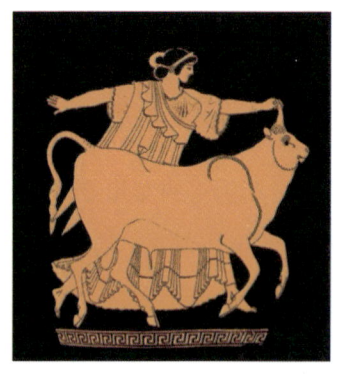

古希腊陶制花瓶上的欧罗巴和公牛　　庞贝古城里的壁画《欧罗巴和公牛》

---

[1] 〔古希腊〕希罗多德:《历史》(上册),王以铸译,商务印书馆 1959 年版,第 1—3 页。

法国画家布歇（François Boucher，1703—1700）、法国画家诺埃尔-尼古拉斯·夸佩尔（Noël-Nicolas Coypel，1690—1743）等以此主题进行的创作，甚至突出了欧罗巴等女性优雅的性感。当然，画中欧罗巴的形象，与画家将当时流行的洛可可艺术风格带入画作不无关联。然而，在这些关于劫掠的作品中，没有任何对被劫掠少女的心理和心情的关注，画家意图呈现的是众神的狂欢。这种表现形式并没有太大的误读，因为至少在施瓦布版本的讲述中，被劫掠的欧罗巴从未抗拒宙斯。

布歇《劫掠欧罗巴》，创作于1747年，现藏于卢浮宫

诺埃尔-尼古拉斯·夸佩尔《劫掠欧罗巴》，创作于1727年，现藏于费城艺术博物馆

劫掠暴力向狂欢仪式的转化

劫掠暴力向狂欢的转化，类似礼仪化后的抢婚风俗。这种风俗是指在女性同意的状态下，仍然采取抢夺的方式，完成缔结婚姻的目的。《东川府志》和《滇南杂志》中记述了我国古代爨族的抢婚仪式："爨

之父母，将嫁女三日前，持斧入山，伐带叶松，树于门外，结屋，坐女其中……列械环卫。及亲族，新衣黑面，乘马持械，鼓吹至。两家械斗。直入松屋中，挟妇乘马疾驱走。父母……大呼亲族同逐女，不及，怒而归。新妇在途中，故作坠马状，新婿挟之上马……则诸亲族皆大喜……"[1] 这个形象生动的画面，多么类似提香、伦勃朗绘制的《劫掠欧罗巴》！

在现代，抢婚风俗不仅在我国少数民族如彝族、瑶族、侗族、傣族等仍有遗迹，甚至体现在汉族的婚姻仪式中。男方迎亲者需要在假意而激烈地与女方亲友对抗争夺后娶走新娘。同时男方通过送红包、接受惩罚游戏等，获得女方亲属的谅解。这些被戏剧化、喜剧化的仪式，化解了劫掠的暴力，又借用劫掠的暴力，增加了婚姻仪式中的喜庆气氛。这个过程中，女方往往表现出被动和顺从的状态，并乐于接受这种安排。它使女方感受到，俘获和拥有自己需要一个使男方争抢和受苦的困难过程，同时也试验男子的勇敢和智谋。

如果我们再次借用施瓦布对梦的评论，抢婚仪式中的劫掠是假意的，但骨子里也包含着真实。抢劫婚这种古老的、原始的并已经退出历史舞台的婚姻形式，在漫长历史中乃至现代，仍然保留它的形式化躯壳，根本原因恐怕在于，它以跳出日常规范的表现形式，包容了男女有别的天性和生物本能。现代芬兰社会学家韦斯特马克（Edward

---

[1]［清］曹树翘：《滇南杂志》卷九《夷婚》；梁晓强校注：《〈东川府志·东川府志续〉校注本》，云南人民出版社2006年版，第211页。

Alexander Westermarck，1862—1939）在其著作《人类婚姻史》中，特别强调了人类心理因素超越种族和个体差异，在两性结合形式中的主导作用。它表现为女性在面对男性追求时的羞怯，求偶中男性的主动地位，女性对男性力量和勇气的钦佩，以及美的刺激作用，等等。[1]

传统东方绘画常以静美和谐的日常生活作为绘画主题，而西方艺术创作却从未像东方人这样避讳暴力和死亡。劫掠题材的艺术创作取材于希腊神话，根据尼采在《悲剧的诞生》中对古希腊文明深层结构的解释，英雄式的劫掠主题体现了具有创造性和颠覆性的酒神精神，体现了古希腊人对原始自然生命力的追求——"这里只有一种丰满的乃至凯旋的生存向我们说话，在这个生存之中，一切存在物不论善恶都被尊崇为神"[2]。无论是艺术作品歌颂和美化的劫掠，还是遗存在抢婚风俗中的戏谑式暴力，都反映出同样的人们对于突破静美和谐、日常秩序的渴望。这种渴望通过打破常规，打破既定规则，打破原有社会角色，甚至通过戏谑式暴力的方式呈现出来。狂欢节庆和歌颂激情的艺术创作一样，在明晰、稳定、理性的日常秩序之外，安放人类的天性和生物本能。

---

[1]〔芬〕韦斯特马克:《人类婚姻史》(第1卷)，李彬等译，商务印书馆2015年版，参见第十二章"性羞涩"、第十三章"求偶"、第十五章"吸引异性的原始方法"等。
[2]〔德〕尼采:《悲剧的诞生》，周国平译，北京十月文艺出版社2019年版，第61页。

戏谑式暴力的秩序化

劫掠欧罗巴的艺术创作和其他一系列以暴力、死亡为主题的艺术作品，启示我们从一种共生的而不是对峙的立场理解人的本能与理性秩序的关系。很多节庆中的行为，其实都是常规的例外，看似与常规和理性对立，实际上却具有建设性的理性价值，成为日常秩序和理性规则的调节机制和补足机制。当人们以全新的心态回到日常，社会结构也变得更加成熟稳定。如《唐律》中规定了严格的宵禁制度，而与这一严格规定并存的，是一年一度的上元灯节。制度化的宵禁解除，意味着极大的民俗解放，也意味着自由的秩序化，它安放了民众对于夜间出游娱乐，对于快乐和新奇感受的渴求。

不只抢婚风俗、上元灯节，很多其他的超越、颠倒日常行为规范的节庆仪式和集体狂欢，都具有同样的社会功能，如傣族的泼水节、西班牙的西红柿节、英国的地铁"无裤日"，乃至电影中的暴力美学，技术化、诗意化、表演化、正义化的攻击、侵害行为，都可以追溯到同艺术创作中劫掠主题一样的心理动因。戏谑式暴力或被限制在美术创作的规则中，或被限制在追求公平正义的情节中，或被限制在由制度规范规定的特定时间和特定场合中。

戏谑、暴力以及颠覆日常秩序的冲动潜藏在人类的天性中。这种冲动的生命力是希腊神话以及以此为主题的艺术创作所歌咏的对象，是尼采所称的酒神精神。然而，被日常秩序肯定的生命冲动，也应当被日常秩序所规范。因为人既需要保存生命本能的激情和创造力，也需要抑制癫狂放纵、毫无节制所释放的危险和伤害。对于法律来说，需要识别的是那些应当被限制的戏谑式暴力的边界，比如过分玩笑与校园欺凌的边界，竞技体育中的伤害与侵权伤害的边界，包括抢婚风俗中的戏谑与侵犯女性的边界，它们的边界都在于，是否违背了当事人的意愿，产生了伤害身心的行为。

随着现代文明和理性文化的发展，人类同样在心理上开始抵制传统风俗中解放天性和本能的做法。这种心理在根本上抵抗男女有别的天性，倡导两性的平等，并鼓励女性在两性关系中的主导和优势地位。特别是当种种"婚闹"不是假意地而是实质地违背对方当事人的意志，侮辱女性人格或侵犯身体权利时，更加剧了理性文化对抢婚风俗的恶评。如果我们以这样一个理性的现代人的眼光，重新审视提香、伦勃朗、洛可可时期的法国画家画作中的"劫掠欧罗巴"，可以发现他们的作品在不同的画风下，一致地呈现出男性眼中的欧罗巴——那个被动的、羞怯的、美丽的、性感的女性形象；相形之下，古希腊罗马艺术图像中欧罗巴和公牛的形象，似乎更为自由，也更为现代。

正义女神的天平与古典正义理论中的均等

正义女神的手持物：天平

拉斐尔《天顶画》局部，四女神分别为哲学女神、神学女神、诗歌女神和法学女神，创作于1509—1510年，现藏于梵蒂冈博物馆

  拉斐尔在签字厅壁画中，以四位女神的形象总结哲学、神学、诗歌和法学的主题。在这四幅女神图像中，哪一位是正义女神？辨识人物的其中一个重要线索是其手持物。在西方绘画中，不同的画家画同样的历史人物，可能会在面貌上表现出很大差异，但是我们仍然可以通过人物的专属物件去识别。比如，《圣经》人物彼得的专属物件是钥匙，这个代表物源于《圣经》中耶稣将天国的钥匙交给彼得的典故。正义女神也有这样的寓意符号和物件。

  在西方绘画中，不独拉斐尔绘画的正义女神，文艺复兴以后，几

佩鲁吉诺《耶稣将天国的钥匙授予彼得》，创作于1481年，现藏于梵蒂冈博物馆

乎所有的正义女神的形象，都是一手执剑，一手执天平。就像彼得和钥匙的故事，正义女神的剑和天平有什么寓意，又源于什么故事呢？一般认为，天平代表了法律的公平，而剑代表了法律的权威。不过，不同时代、不同艺术家去创作正义女神形象的时候会有变化，手持天平的正义女神身着不同的衣饰，或白袍或红袍，或蒙眼或不蒙眼，或持剑或持棒，抑或没有武器，出现在不同的情境中。

汉斯·冯·亚琛《正义的胜利》，创作于1598年，现藏于巴伐利亚国家绘画收藏馆

蓬佩奥·巴托尼《和平与正义》，创作于1745年，现藏于蒙特利尔美术馆

普吕东《正义与复仇女神追赶凶手》，创作于1808年，现藏于卢浮宫

神话 55

尤尔根·欧文《宽容、正义、和平》，创作于1623年，现藏于阿姆斯特丹王宫

在这些变化的形象中，特别当我们追溯到更早期正义女神的图像——罗马金币印制的姿态各异的 Aequitas（公正女神）时，就会发现唯有其手持的天平是象征正义的恒定符号。

罗马金币上的正义女神

女神不会持别的物件，比如一本书，或者花环，她所持的是天平，所以看到天平，就像我们在一些政治场合看到鸽子的形象一样，会立

56　图像中的法律

刻反应出它要表达的语言是法律和正义。这个符号就是一种语言，即由天平的均等所表达的法的正义主旨。

这样一种对法和正义的理解，与传统中国法律的正义观念是非常不同的。因为在礼制之下，儒家学说把等差秩序作为社会理想。这种等差涉及社会地位和血缘身份两个层面。因此有"刑不上大夫，礼不下庶人"的说法。亲亲尊尊，君为臣纲，父为子纲，夫为妻纲，以及五服制度的规范，等等。这种等差秩序渗透在政治法律制度以及日常生活的方方面面。所以，我们可以这样比较，中文语境中的正义和秩序是"等差"，而西方语境中，准确地说是在古典的正义理论中，是与等差相对的"均等"的概念。

古埃及称心画中的天平图式

从什么时候开始，正义女神成为正义观念的拟人化形象？又是从什么时候开始，天平成为正义女神和正义观念的符号化表达？如果说手持钥匙的彼得形象源自基督教教义的权威读本，那么，女神、天平、均等，包括后来创作中附加的剑、蒙眼布，这些形象的背后是否也存在同样具有强大影响力的思想渊源？

由天平图像所表达的均等的正义观念，可以追溯到古埃及的死亡哲学，它最早出现在古埃及莎草纸记录的《亡灵书》"称心画"中。

称心画描述的是亡者在冥界接受审判的整个过程。按照审判程序，图像从右至左，从下至上，可分为这样几个部分。首先我们看

埃及博物馆收藏的莎草纸片段，公元前13世纪

图像右下方，一位亡者由正义和秩序女神玛特（Maat）带到天平边，他的心脏被放到一端的托盘里，另一端放着代表玛特的一根羽毛。狼首人身的陵墓守护神阿努比斯（Anubis）负责称重，鹰首人身的智慧之神荷鲁斯（Horus）调制砝码，鹮首人身的书吏之神图特（Thot）记录称量结果。

此时，亡者须跪在42位神明和主审法官冥王奥西里斯（Osiris）面前，依次确认或否认每一神明宣判的罪行。这正是图像上半部分表现的场景。如果无罪，心脏与羽毛平衡；如果有罪，心脏就会变重。当天平失衡时，亡者的心脏就会被饕餮神阿米特（Ammit）吃掉，死者将永不超生。若天平在审判过程中始终平衡，则证明亡者无罪。

随后，他将在智慧之神荷鲁斯的引导下，来到冥王奥西里斯，就是那位在图像左侧，威严端坐在椅子上的身量最高大者面前，这意味着他已通过审判，可以顺利地前往彼岸世界，获得永生了。

图像中出现的称量心脏的天平，并不是古埃及人的想象，而是现实生活中的计量器具。在进行牛羊谷物交易时，古埃及人发明和使用天平，以保证交易双方的公平。可见，死亡哲学中通过度量获得公平审判的观念源于现实生活的映射。

如果现实生活中的天平保障交易的均等，那么什么是亡灵审判中的天平所保障的均等和公正？理解人心和羽毛的象征含义，理解古埃及人的正义观念，需要我们阅读和分析受审过程中，亡灵——否认的罪名。

迄今为止最古老的天平，约公元前2500年（上埃及第三王朝时期），现藏于伦敦科学博物馆

对埃及人来说，来世复活、轮回往生是其宗教信仰的核心。而是否能够复活，正取决于"亡灵审判"。亡灵审判的观念最早见于中王朝时期的墓葬文献，在现存文献中，沙巴卡石碑铭文《孟菲斯神论》中记述了有关其起源的神话，也就是众神对后来出现在《亡灵书》中审理俗世众生的主审法官奥西里斯的审判情节。古罗马作家普鲁塔克也曾在《埃及的神：伊西斯和奥西里斯》中讲述这个故事。

故事中，奥西里斯是埃及一位仁慈的国王，他教埃及人耕种，制定律法，教导人们敬神，并走遍全国教化民众。后来他陷入他的弟弟塞特的造反阴谋，被杀害，并被分尸十四块。奥西里斯的妻子伊西斯是一个忠贞勇敢的王后，她诞下并悉心抚育奥西里斯的遗腹子荷鲁斯。长大之后的荷鲁斯与叔叔塞特争夺王位继承权，经过众神的审判，奥西里斯成为冥世之王，而他的儿子荷鲁斯战胜塞特，成为现世之王。正义的审判最终使善者战胜恶者，战胜颠覆秩序的人。

冥王奥西里斯主持的对世人的审判延续了如此的正义观念。所有的死者都要面对自己生前的行为，只有那些从未违背社会秩序和道德价值的人才能获得永生。而《亡灵书》中记述的42条罪行，向我们展示了古埃及人当时关于社会秩序、道德价值的正义观念，包括"没有杀人""没有欺诈""没有与他人妻子有染""没有缺斤短两""没有荒废耕地"等等非常具体而琐碎的现实规范。

所以，我们可以从古埃及的亡灵审判中，推演出古埃及人有关正义的观念，也就是称心画中天平的象征涵义，即天平所达成的均衡，体现着秩序状态，它象征了现实社会中的秩序。玛特女神羽毛的象征涵义与天平的涵义是一致的。细细的羽毛均匀分布在羽杆两侧，同样体现着均衡的含义。在古埃及宗教中，头戴羽毛的玛特女神代表着教化、律法、真理和正义。现在我们知道，在古埃及人的观念中，天平、羽毛体现均衡，均衡即秩序，秩序则正义。那么，为什么在人们的观念中，均衡就是秩序，而打破均衡和秩序就是不正义呢？

沙巴卡石碑，国王沙巴卡（约公元前710年）命人抄录的古王国时期的作品，现藏于大英博物馆

头戴羽毛的古埃及正义和秩序女神玛特

在里格尔的《图案与目的》一文中，我们似乎为这个问题找到了一种解说。里格尔指出，构成自然界的物体，无论有机物还是无机物，所有的图案都是对称的结构。对称即自然，即美。人也是自然的组成部分，正是由于他作为自然本身，就会赋予物体自然的形状、对称的形状，这不需要什么动机，这本身就是一种自然。"直到如今我们仍然能够检测到这种行为：一张纸如果被用来作为垫纸也会被对称地剪裁，火柴也如此被切割……"[1] 根据这种解释，人的均衡、秩序和正义的观念来源于人的自然倾向，来源于人对自然秩序的模仿。

古希腊罗马时代的正义女神

古埃及文化在人类文化史上产生了深远影响。我们可以在叙利亚、巴勒斯坦、希腊和罗马地区出土的壁画、铜碗、陶器上看见各类古埃及装饰图案。不仅如此，腓尼基字母正是在埃及象形文字基础上发展而来的，而希腊字母又受到腓尼基字母的直接影响。根据普鲁塔克的记述，希腊许多伟大人物都曾到访埃及，在那里学习，其中有梭伦、柏拉图、毕达哥拉斯等等。[2] 贸易和航海把很多希腊人带到埃及，埃及人的量地法、几何学、文学、艺术风格等又随贸易和航海被带到希腊本土。在艺术领域，不仅仅是艺术品在色彩、纹样上留下了埃及

---

1 〔奥〕里格尔：《图案与目的》，易乐译，《艺术设计研究》2012年第3期。
2 〔古希腊〕普鲁塔克：《普鲁塔克全集 V》，席代岳译，吉林出版集团股份有限公司2017年版，第826页。

的印记，更重要的是，如艺术史学家贡布里希指出的，希腊艺术继承和发展了埃及艺术写实而理想的创作理念。

在希腊神话中，代表正义观念的也是一位女神，但又与埃及的玛特女神不同，她以独立的女性形象体现正义，而不再与末日审判、冥王和其他诸神联系。贡布里希认为，正义观念的拟人化源于希腊语和拉丁语独特的语言传统，它们的抽象名词几乎都是阴性的。当人们谈到胜利、智慧、命运、正义等形而上的概念时，一位位女性形象自然而然地在头脑中浮现。[1]

在古希腊文献中，荷马《伊利亚特》《奥德赛》和赫西俄德《工作与时日》《神谱》中最早记录了希腊的正义女神忒弥斯（Themis）和她与宙斯所生的女儿狄刻（Dike）。我们可以从这些文献的记述中体会古希腊神话中正义观念的内涵。《伊利亚特》第十五卷中写道："天后赫拉……前往高耸的奥林波斯……不死的天神们正在宙斯的宫阙。神明们见她到来，全都跳起来举起酒杯，向她致意。她没有理会其他的神明，只接过美颊的忒弥斯的杯子，因为女神第一个跑过来……"[2] 第二十卷写道："宙斯从峡谷密布的奥林波斯山顶，命令忒弥斯去召请众神前来开会。"[3] 第九卷情节中虽然没有出现忒弥斯女神，不过阿伽门农在向阿喀琉斯求和时的一番言语中提到了 Themis 一词，在奥德修斯向阿喀琉斯的转述中也提到 Themis 一词，文中写

---

1 〔英〕贡布里希：《象征的图像：象征的哲学及其对艺术的影响》，《新美术》1991 年第 4 期。
2 〔古希腊〕荷马：《荷马史诗·伊利亚特》，王焕生译，人民文学出版社 1994 年版，第 348 页。
3 〔古希腊〕荷马：《荷马史诗·伊利亚特》，王焕生译，人民文学出版社 1994 年版，第 473 页。

道：对人而言，男欢女爱是合乎正义的 Themis。[1] 我们可以把这里的 Themis 理解为自然。男欢女爱是自然法则和自然秩序的体现，而正义女神就是这个秩序的守护者。

忒弥斯维护自然法则和自然秩序，而她的女儿则统治着人间的正义。赫西俄德《工作与时日》中写道："正义女神，宙斯的女儿，她和奥林波斯诸神一起受到人们的敬畏……爱受贿赂的王爷们，要从心底里完全抛弃错误审判的思想，要使你的裁决公正。"[2] 随后，赫西俄德记述了人间正义在日常生活中的具体体现：努力劳动，拒绝暴力，不取不义之财，答应朋友的要算数，等等。这使我们自然联想到古埃及亡灵审判中列举的那些道德准则。

不过，此时道德和秩序的维护者，从冥界的国王和众神转而成为独立的女神形象。这种转变同冥界天平的图像一样，是现实生活的映射。奥西里斯和亡灵审判的崇拜盛行于旧王国时期（约公元前2686—前2181年），它同时伴随着王权强化、金字塔始建等活动。而比较从前，在埃及前王朝时代（公元前5000—前4000年），在王权神化、神灵人格化之前，埃及经历了漫长的图腾崇拜期。世俗王权需要神秘化、神圣化以提升自身的权威，奥西里斯神话表明，国王不仅统治人间秩序，而且也统治死后的世界，国王不仅是政治生活的中心，而且也是臣民宗教信仰的中心。神话强化了国王作为最高统治者

1　龚群：《古希腊神话中的正义之辨》，《社会科学战线》2017年第3期。原始文献参见〔古希腊〕荷马：《荷马史诗·伊利亚特》，王焕生译，人民文学出版社1994年版，第200、205页。
2　〔古希腊〕赫西俄德：《工作与时日》，张竹明、蒋平译，商务印书馆1991年版，第9页。

的权威。

而希腊神话不同，虽然这个神话体系也存在一个等级秩序，所有的神都服从最高主宰宙斯，但是这个最高统治者与埃及冥王不同，他有着许多凡人的缺点，他的权力并不源于他的地位，而在于宙斯的神力，宙斯本人也需要服从宇宙的秩序法则。捍卫这种秩序法则的并不是宙斯本人，而是正义女神。

雕塑与红陶彩绘中的古希腊正义女神忒弥斯

古罗马接受和改编了古希腊的神话体系。罗马作家奥维德《变形记》正是对这一时期罗马神话的记录。希腊诸神的名字在罗马神话中发生变化，如宙斯（Zeus）为朱庇特（Jupiter），赫拉（Hera）为朱诺（Juno），雅典娜（Athena）为密涅瓦（Minerva），阿波罗（Apollo）为索尔（Sol），等等。现在，正义女神忒弥斯、狄刻化身为朱斯提提亚（Justitia）和埃奎塔斯（Aequitas）。可惜这件古希腊忒弥斯雕像手臂残缺，正义女神手持何物已不可考。而在另一件以古希腊神话"埃勾斯国王询问忒弥斯神谕"为主题的图像中，正义女神一手托着装有神谕的圣水，另一只手拿着可以接收神谕的月桂枝，并没有出现天平的图式。希腊神话对于正义女神的衣饰从未特别交代过，我们只知道她长得很美。直到罗马时代，天平取代了古埃及玛特女神的羽毛，并删减了冥王奥西里斯和众神审判的情节，成为正义女神的专属物件，它与女神一同代表正义。这正是此前我们在罗马金币上看到的形象。

然而，古埃及亡灵审判的观念并没有在西方文化史中就此消失。在基督教文化中，大天使米切尔（Saint Michael）手持天平称量逝者，审判世人死后的灵魂。中世纪的这两幅画作展现的这个场景，与古埃及称心画中的场景极为相似。如《圣经·约伯记》中写道："把我放在天平上称量，上帝就会知道我的正直。"[1]

西班牙索里格罗拉的神父所绘《大天使米切尔称重灵魂》，创作于1299年，现藏于加泰罗尼亚国家艺术博物馆

---

[1]《圣经·约伯记》31：6。

当普遍的基督教信仰取代了古希腊罗马的多神崇拜，我们很难再在这一时期找到正义女神的历史图像。贡布里希曾引述文艺复兴时期人文主义学者巴斯蒂塔·菲耶拉（Battista Fiera）在《画"正义"》中讲述的罗马画家曼泰尼亚创作正义图像的故事。故事中，曼泰尼亚向哲学家们请教如何表现正义，而那些哲学家对此众说纷纭。他们的对话指出了企图描绘"正义"的危险和荒唐。[1]可见直到文艺复兴时期，正义象征并没有稳定、公认的形象。而此后陆续出现的众多正义女神的画作和雕像中一手执天平、一手执剑的形象，很可能是艺术家对古希腊罗马时代正义女神形象的复兴。

至于蒙眼布，那是一个更为晚近的创意。在1494年德国诗人塞巴斯蒂安·勃兰特《愚人船》中，有一幅木刻画插图描绘了被蒙住双眼的正义女神，配合诗文讽刺司法现实对正义的愚弄。[2] 1593年，利

《愚人船》木刻画第71画，被蒙住双眼的正义女神，创作者未知

---

1 〔英〕贡布里希：《象征的图像》，杨思梁、范景中译，广西美术出版社2015年版，第257页。
2 〔德〕塞巴斯蒂安·勃兰特：《愚人船》，曹乃云译，广西师范大学出版社2019年版，第255页。随后，勃兰特在这一章"纷争不已，法庭审理"的诗文中写道："为了让事情久远地拖延下去，人们想方设法逃脱公平正义……他们固执地希望从此能够歪曲法律，让是非曲直完全混乱扭成一团……"

帕《图像学》中完整总结了这一时期正义女神的形象及其涵义。"正义其形象为一蒙眼女神，白袍、金冠。左手提一称，置膝上，右手举一剑，倚束棒……案头放权杖一支、书籍若干及骷髅一个。白袍，象征道德无瑕，刚正不阿；蒙眼，因为司法纯靠理智，不靠误认的感官印象；王冠，因为正义尊贵无比，荣耀第一；秤……比喻裁量公正，在正义面前人人皆得所值，不多不少；剑，表示制裁严厉，绝不姑息，一如插着斧子的束棒，那古罗马一切刑罚的化身……"[1] 如利帕的描述，蒙眼布的涵义在16世纪之后发生变化，它与天平一样，象征理性和客观的判断。也正因为蒙眼布与天平同义，并非正义的必要象征物，所以后来渐渐被摒弃。

矫正正义：天平背后的法治学说和理念

如果两种象征物表达的是类似的含义，为什么在创作中渐渐被舍弃的是蒙眼布，而不是天平？为什么天平这样一种古老的并且带有强烈宗教色彩和神话色彩的象征物，在今天仍然可以为法律正义代言？在漫长的历史中直至现代，天平始终与法律正义关联，这是因为它直观、生动并且非常准确地契合了古典正义学说和现代的法治理念。

我们曾引述里格尔的观点，解释古人关于对称、均衡的自然倾向。

勃兰特早年学习法律，曾获得法律专业博士学位。
[1] 转引自冯象：《政法笔记》，北京大学出版社2012年版，第119页。

中国人民法院标志

亚里士多德半身像

《尼各马可伦理学》书影

古希腊罗马的学者们对这些自然倾向和感官表达予以理性的解说。毕达哥拉斯学派将人们有关对称、均衡、规则有序的自然倾向解释为一种恰当的数量比例，主张数是万物的本原，恰当的数量比例构成和谐，而和谐即美，即正义。

作为均等的法律正义观念的思想渊源，应追溯到亚里士多德的矫正正义和分配正义理论。亚里士多德的正义理论非常系统地论述了数学上量的均等所体现的法律正义，以及法律正义对于数量均等的要求。亚里士多德关于正义的论述在其《尼各马可伦理学》第五卷。亚里士多德认为，正义是社会交往中的美德，违法和不均被认为是不正义的，而合法和均等就是正义的。关于均等的正义，亚里士多德又分为两种：一种称之为分配正义，遵循几何的均等；一种称之为矫正正义，遵循算数的均等。

亚里士多德认为，分配正义是根据各自所值的原则，按照各自的价值分配。矫正正义是交往中的正义。不论好人加害于坏人，还是坏人加害于好人，并无区别。法律一视同仁，所注意的只是造成损害的大小。由于这类不公正是不均等的，所以裁判者就尽量让它均等。既然均等是多和少的中间,那么所得和损失的对立也就是多和少的对立。它们的中间就是均等,我们说就是公正,所以矫正性的公正就是所得和损失的中间。去找裁判就是去找公正,诉诸裁判者就是诉诸中间。裁判者恢复了均等,正如对一条分割不均的线段,他从较长的线段取出了超过一半的那一部分,增加到较短的线段上去,于是整条线就分割均匀了。均等就是按照算数比例的大和小的中间。正因为如此,才把这样的做法称为公正。[1]

现代的司法裁判过程遵从着同样的矫正、均等的要求,它表现为受害人与加害人的对应关系,加害行为与损害后果的对应关系,受害人权利与加害人责任的对应关系。这是一种个体与个体在裁判的过程中的"平等的关系"。在诉讼过程中,侵权诉讼中的原告和被告从各自的社会角色中剥离,成为抽象层面的平等双方。这个"平等"的概念使得古典的矫正正义理论成为解释现代侵权法的起点,成为与自由主义理论融合的起点。"双方关系"同时也是自由主体之间的制约关系。侵权损害的实质指向对原告的权利的侵犯,判定加害人负有责任的根据存在于康德的权利原则中:平等个体享有行为的自由,并对其自由行动造成的他人自由状态的破坏承担损害赔偿责任。

同埃及亡灵审判中的正义、《荷马史诗》中的正义、赫西俄德述及的正义一样,司法正义的内涵即矫正,恢复被颠覆的秩序、被打破

---

[1] 〔古希腊〕亚里士多德:《亚里士多德全集》,苗力田主编,第八卷《尼各马可伦理学》,苗力田译,中国人民大学出版社1994年版,第101—103页。

的平衡。正义的实现不应依凭人的主观判断,而应遵从自然秩序的要求,遵从事物内在的数量比例的抽象逻辑。无论古典还是现代,正义女神的天平都是这种正义观念最为经典的视觉呈现。

画作《创世记》中的身体与罪罚

米开朗基罗《创世记》,创作于1508—1512年,现藏于梵蒂冈西斯廷礼拜堂

"罪感"的艺术表达

1508年米开朗基罗奉教皇尤利乌斯二世的命令,创作西斯廷教皇宫天顶画。原命题为《十二先知》,米开朗基罗将其修改为《创世记》。画面再现的《创世记》,由叙事和人物两类题材构成。其中叙事类主题为《旧约》中的"罪罚",人物类主题为先知和奴隶。在"罪罚"的叙事中,中央的九幅主图主要为"罪"的故事:上帝造人、伊甸园原罪、大洪水和挪亚献祭;四角绘制"罚"的故事:大卫杀菲力斯力士歌利亚、犹太女人犹滴杀亚述将军荷罗孚尼、波斯王为犹太

爱后以斯帖惩罚宠臣哈曼、耶和华在旷野惩罚拜金牛的以色列人。人的创造、欲望、罪恶、灾难、痛苦在裸体群像中展现出来。

米开朗基罗天顶画《创世记》带给人的震撼，来自画作中 300 多个人物再现的几乎真实的肉身的力量和美感。米开朗基罗将他在雕塑作品中的风格带入了油画创作。这种风格与他同时期的达·芬奇、拉斐尔完全不同，他没有他们的优雅美。但从达·芬奇的绘画中，米开朗基罗获得了巨大的启发：通过解剖训练自己，在艺术中再现真实的人体状态。

瓦萨里、孔迪维等作家在关于米开朗基罗的艺术传记中都特别提及米开朗基罗秘密解剖尸体的经历带给他日后创作的重要影响。[1] 在米开朗基罗离开美第奇宫，重新回到佛罗伦萨的那段时间，他曾冒着被处以死刑的风险，深更半夜到修道院的停尸房，用一支蜡烛照明，用剪刀和菜刀解剖了数十具尸体。这段惊悚又刺激的求知经历，从恐惧、紧张、恶心到迫不及待想要继续了解的心情，使他从没有任何解剖学知识，到真实地懂得人体内部的每一个零件和它们的运动机能，人的喜怒哀乐、举手投足，皮肤和线条等表象之下骨骼、血管、神经、大脑、肌肉、筋腱、眼球、咀嚼肌、内脏、食管、气管甚至粪便等等各部分的相互关系。据估计，米开朗基罗的绘画、雕刻作品中刻画了至少 800 个不同的生理结构。[2] 几个月的解剖经历给他的创作带来了

---

[1]〔意〕乔治·瓦萨里：《著名画家、雕塑家、建筑家传》，刘明毅译，中国人民大学出版社 2004 年版，第 357 页。

[2]〔英〕罗斯·金：《米开朗基罗与教皇的天花板》，黄中宪译，社会科学文献出版社 2017 年版，第

一种呼之欲出的力量。他感慨说："世界上的每一个胳膊、脚、脖子或者屁股都是不一样的，都有自己真实的个性……一个人的身体和脸能将他的身世表露无遗……我要是能画世界上的每一个男人，说不定能搜集到关于人类的全部真相。"[1]

《创造亚当》

《原罪和逐出伊甸园》

《大洪水》

---

168 页。该统计原始出处为 James Elkins, "Michelangelo and the Human Form: His Knowledge and Use of Anatomy", *Art History*, vol. 7, no. 2, 1984, p. 177。

1 〔美〕欧文·斯通：《痛苦与狂喜：向石而生 米开朗基罗传 1》，张晓意、武建博译，南京大学出版社 2016 年版，第 348 页。

《挪亚献祭》

《大卫杀歌利亚》 　　　　　《犹滴杀荷罗孚尼》

《惩罚哈曼》 　　　　　　　《铜蛇》

现代法律层面对"罪"的界定，源于贝卡利亚《论犯罪与刑罚》中的罪刑法定原则。何为犯罪，是由立法者选择，通过刑法予以规定的。这个来自外在层面的界定带来了某种程度的明确指向，即我们可以参照一个明确的文本，判断是否为罪。现代法律明文规定的罪，围绕犯罪行为展开：杀人、抢劫、强奸、纵火等等。人的行为是法律关注的首要对象，这意味着，一个人无论如何疯狂地设想杀死某人，在付诸行动之前，都不构成法律意义上的犯罪。

而另一种对"罪"的界定，从人的客观行为转向了人的主观心理，如传统中国法文化中的"原心定罪"。参照罪的客观和主观界定，《圣经》中的罪的概念显然应归于后者。然而，与中国的"原心定罪"不同，《圣经》中的罪的概念似乎更强调主观感受，即"罪感"，而非外在评判。经由奥古斯丁的"原罪"概念发展，罪感文化强调罪的遗传性以及每个人都天生有罪的观念——罪感，不仅仅是心理感受，更是身体感受。

《圣经》中的人是身体和灵魂的构成：神按照自己的形象用泥土造人，并将"生气"吹在亚当的鼻孔中，使他成了有灵的活人；人是神创造的形和神的构成。画面中的亚当体格健壮，充满了青春的活力，渴慕着上帝以指尖轻触传送"生气"给他。女人的创造不仅仅是为了身体的繁衍，更是为了男人的孤独和陪伴。"神见那人孤独不好"[1]，就从他身体中取肋骨造女人，男女有别，却在身体和情感层面

---

1 《圣经·创世记》2：18。

神 话 75

合一。米开朗基罗将夏娃诞生的情境，融于亚当甜蜜的梦中。

起初人的身体和灵魂和谐一致，如同男人与女人的和谐，人与万物的和谐（表现为所有的动物和人都是素食者），神与人的和谐。然而，神与人的和谐并不意味着人对神的依附。上帝所造的亚当有独立于上帝的认知，他能够识别耶和华创造的万物，"那人便给一切牲畜和空中飞鸟、野地走兽都起了名"[1]。

正是因为人有独立认知、自由意志，在面对蛇的诱惑时，人有能力做出选择。人有选择的能力，却没有像神一样择善而从的能力，人选择违背神。身体实践了意志，人吃了伊甸园中的禁果。善恶的果子使人有了"主观判断"，产生了人的评价、偏好、意见，他们首先看到的是自己的身体，并评价赤身露体为"不好"。[2]

亚当和夏娃的过犯并不单单是人违背神、吃禁果的行为，而是在行为之前就已经堕落的意念。人的身体不过是实践了这意念。奥古斯丁这样解释"原罪"的概念：他们是不是欲求接近被禁的树，吃它的果子，但又怕死？"如果是这样的话，这些人已经受到欲望和恐惧的困扰，哪怕在乐园中……想要做上帝的律法禁止的事，仅仅是由于害怕惩罚而不做，而非出自对公义的热爱，那么这肯定是罪……主说：'凡看见妇女就动淫念的，这人心里已经与她犯奸淫了。'"[3]

无论是受造过程，还是罪的初犯，人的身体相对于神和自己的意

---

1 《圣经·创世记》2：20。
2 《圣经·创世记》3：7。
3 〔古罗马〕奥古斯丁：《上帝之城》，王晓朝译，人民出版社2006年版，第602页。

志而言，始终是被动和被支配的状态。但惩罚却没有越过"无辜的"身体，而是通过身体去承受。人犯错破坏了神创造的好的世界，为这世界注入了主观的"恶"的判断。神没有意图扭转和消灭"恶"，对于"恶"，神创造了"苦"的感受。画面中，创造之初的亚当和夏娃有着散发生命力的青春肉体和骄傲的精神气象，而在原罪发生后，他们的肉身变得衰老而丑陋。

亚当和夏娃自存在起没有经历过痛苦和辛苦，然而从此，夏娃承受生产的苦楚，服从于丈夫的管辖；亚当承受劳作的辛苦，直到归于尘土。神要人因"苦"而感受"恶"的存在，记住原初的过犯。并且，上帝怕人吃生命树上的果子，将人赶出伊甸园，从此身体受苦和肉身终将死亡成为人生的重要主题。

人的意念的继续堕落和罪行，不仅破坏了神与人的关系，也破坏了人与人的关系，破坏了万物的和谐。自原罪之后，《圣经》记录了神意图恢复神人关系的种种努力。在《旧约》中，神的方式有两种。其一，对人的肉身的消灭。米开朗基罗《大洪水》即描绘了这种灾难袭来的可怕时刻。画面中挤满了那些惊恐万分，努力爬上高地、树干或是木筏的裸身人体；男人、女人、老人、孩子相互依靠或为生存相残。其二，与选定的人和族群订立契约。

神与人订立的第一个契约即挪亚之约。神在罪恶的世间选择了唯一的义人挪亚，作为新世界的"种子"。祂向挪亚约定，取消对地的咒诅，赐福给人，授统领世界一切生命的权柄给人。神向人宣告，保护人的生命不受外在伤害，神本身也不会再毁灭人。神将彩虹放在云中,作为立约的证据,彩虹之约的全部内容即禁止侵犯人的身体和生命。画面《挪亚献祭》即描绘了洪水后,挪亚和其家庭成员以燔祭品感谢神的生活场景。

义人挪亚的后代仍然有作恶的人,神在人群中选择了亚伯兰,他是挪亚的儿子闪的后代。神拣选亚伯兰,与他订立新的契约经历了长的时间。神要试验亚伯兰是不是真正顺服神。神三次呼召亚伯兰。神第一次呼召75岁的亚伯兰,要他前往预备的目的地,允诺他成就大国,使他人得福,并向亚伯兰显现自己。亚伯兰顺从神的安排,并为神筑坛,求告耶和华的名。神第二次向亚伯兰允诺,在亚伯兰与他的侄子罗得分别后,神继续许诺亚伯兰得到神恩赐的土地、繁多的后裔以及祝福。亚伯兰愿意相信神的话语,按照神的吩咐准备立约仪式,虔诚等候神。

当亚伯兰99岁时,神再一次向他显现,再一次允诺亚伯兰,但这次不同。这次约定,神要亚伯兰获得现实的对神的感知。神要为人难以置信的大能,使亚伯兰不能生育的妻子撒莱得一个儿子,并要求亚伯兰和他妻子更改名字,亚伯兰家中的所有男子以割礼作为肉体上与神的约定的记号。神使亚伯兰和他的妻子从身体疼痛(生产、割礼)中感知神的力量。

亚伯兰的顺从似乎逐渐发展为一种过于盲目的顺从,当亚伯兰应神的要求献上他的儿子以撒时,神发现,盲目的顺从似乎也是有问题的,它会与叛逆一样邪恶,具有毁灭性。上帝放弃了对盲目信仰的要求,祂阻却了亚伯兰。真正有效的神人关系,应当在不受遏制的独立与盲目信仰之间保持平衡。在亚伯兰的孙子雅各的生活经历中，神似乎看到了这种关系，一个人的品质是通过岁月的磨炼才显现出来的，人不能天然地认识神，但是人可以通过犯罪—苦痛—悔改的过程认识神并改变自身。

最初雅各为逃避他哥哥以扫对他欺骗行径的仇恨，离开他的本家投奔他母舅，路途中，神在雅各的梦中显现。雅各是敬畏神的，然而他不是虔敬的。他相信神的存在、神的力量，然而神对于他的意义是功利的。他自作主张和神进行交易：神给予他保护、保佑，他给神十分之一他从神那里所得的。

雅各得到了长子的名分和福分，然而也因为这不应得的名分而得了"教训"：拉班的调包计和雅各巧扮哥哥骗取了父亲的祝福如出一辙。拉班用名分的理由使得雅各为他服侍14年。雅各经历了在母舅拉班那里辛苦劳作的十余年，重新回到他的本地，不得不重新面对和以扫的历史仇恨。

雅各因为自觉对不住他的哥哥以扫，回到家乡西珥地之前做了一番准备。他怕哥哥杀他，做了迎击的准备，又向神祷告，准备了送给他哥哥的礼物。雅各这样的言行是在为他先前骗取哥哥名分和福分的做法悔过。多年后，他一人静静而又不安地等待与哥哥以扫以战争或者和平的方式相见。神向他显现，与他摔跤。这角逐持续良久，直到神轻轻摸了一把雅各的腿窝，他就倒了。

神爱雅各，护佑雅各，但神用智慧的方式让雅各懂得自己的过犯——人无论有多么强大，在神那里都是不堪一击的。神用僵持让雅

神 话　79

各误以为自己强壮，用轻轻一摸让雅各懂得他自以为是、争强斗勇的错。在这之后，神为雅各改名，教雅各懂得谦卑柔软。雅各被神摸一把后就瘸腿了，神在改名为以色列的雅各身上做永久的记号，即认罪悔改的记号，这个记号（大腿窝的筋）后来也成为犹太教的饮食禁忌。

在《旧约》第三个约即神与摩西之约中，选民的内涵从一人扩大到一个族群。割礼成为整个古以色列人与神立约的身体记号。在西奈山，犹太人将成为上帝的子民，但与前两约不同，神命令以色列人遵循律法，如果以色列人违背律法，神不会怜悯，甚至会离弃以色列人。犹太人的命运取决于他们对契约的忠实程度。第四个约定即上帝与所罗门的约定，延续了上帝的这个意愿。

《圣经》中最早记载人对人的惩罚来自挪亚行使家父权，处罚含和他的儿子迦南。挪亚是神认定的义人，挪亚同样用善与义的行为标准要求他的儿子们。看见父亲醉酒赤身，含非但没有维护和关爱他的父亲，反而把父亲在帐中的事宣扬出去。画面中的挪亚靠在巨大的酒桶边沉睡，而他的儿子含则在一边向兄弟们指指点点。挪亚因含的不敬、不义处罚含和他的儿子。这个人类社会的最初的惩罚，为后来神呼召闪的后代亚伯兰去迦南建国并逐出迦南本地人埋下了伏笔："迦南应受咒诅，必给他弟兄作奴仆的奴仆。耶和华闪的神是应当称颂的，愿迦南作闪的奴仆。"[1]

如果说神给人的惩罚更多是身体上的痛苦、劳苦，那么从挪亚惩

---

[1] 《圣经·创世记》9：25。

罚他儿子开始，新的痛苦、劳苦增加为被奴役和剥夺自由。同样地，《旧约》的先知将获得应许得到迦南的以色列人先后被埃及人、亚述人、巴比伦人、波斯人、罗马人奴役的历史，也归因于以色列人屡屡违背教义、偏离教义的作为。

解读米开朗基罗的"罪罚即痛苦"

奴隶男子像

米开朗基罗在《创世记》中，通过 20 个奴隶男子表现了这种束缚感。这些奴隶画像相比叙事画像获得了更高的评价。在不同的扭曲姿态中，米开朗基罗描绘了用力瞬间人体肌肉的真实状态。中晚期的米开朗基罗青睐"奴隶"的主题，他先后在雕塑作品中再次创作《垂死的奴隶》《被捆绑的奴隶》，以及一直没有出售、展示，连续创作四十余年（从米开朗基罗 45 岁到 89 岁）的作品《囚》系列：青年、巨人、苏醒、负重。米开朗基罗将人的肉体嵌入石块之中，通过表现

神 话 81

肉体的挣扎去呈现渴望自由的心理状态。

在米开朗基罗晚年壁画《最后的审判》中，肉体痛苦的呈现达到顶峰：300多个裸体人像，都拿着自己生前被折磨死的用具，诉说自己的痛苦，即便是那些肉身复活的人，也没有一人脸上有欢喜之色，惊骇的、不安的、恐惧的气氛展现了耶稣施行审判的威严。米开朗基罗用一张被撕掉的人皮，画上自己的扭曲变形的五官，作为《最后的审判》的签名。痛苦，是米开朗基罗所解读的《圣经》中的罪罚。

《最后的审判》局部图

"罪罚即痛苦"的解读，来自米开朗基罗绘制的十二先知对罪罚的解读，即以色列人被奴役的苦难同罪恶联系，现实的苦难是上帝对罪恶的惩罚。米开朗基罗是一个虔诚的信徒，他一度深受宗教狂热分子萨伏那洛拉的影响。萨伏那洛拉在布道上高谈罪恶与刑罚、恐怖与惊骇、哭喊与报应的幻象，解释最近的历史事件如何应验了他的那些悲观的预言，他所描绘的报复心切的上帝、在劫难逃的罪人、在旷野中呼喊的先知，很大程度上激发了米开朗基罗创作的想象力。[1]《大卫与歌利亚》的画面中，身材庞大的歌利亚被高举尖刀、精瘦有力的大卫压在身下；《犹滴与荷罗孚尼》的画面中，荷罗孚尼身首异地；《惩

---

1 "米开朗基罗支持萨伏那洛拉进行政治和宗教改革的努力，却不同意他对洛伦佐和艺术的攻击。"〔美〕欧文·斯通：《痛苦与狂喜：向石而生 米开朗基罗传1》，张晓意、武建博译，南京大学出版社2016年版，第208页。

罚哈曼》的画面中，被吊死在木架上的哈曼四肢大张，每根血管似乎都在抽搐；《铜蛇》的画面中，被毒蛇噬咬的人们痉挛扭曲，发出最后的惨叫……

对悲剧与暴力、罪罚与痛苦创作主题的迷恋，与米开朗基罗本人的性格和经历也不无关联。米开朗基罗才华横溢却因内向孤傲屡屡被人嫉妒和攻击。少年时代的米开朗基罗因选择艺术行业被父亲责骂，画家、雕塑家总是低人一等的观念深深印在他心里；青年时代的好朋友托里贾尼因难耐米开朗基罗初露的才华和锋芒，一拳将他的鼻骨击碎；连米开朗基罗很尊敬的建筑家布拉曼特，对他也是出言不逊、恶言相向。被嫉妒和被攻击的米开朗基罗陷于孤独，更加固执并变得富有攻击性。他与教皇争吵，却重重挨了一顿教皇的杖责。据说他不顾身体疲惫，没日没夜地创作天顶画，三十天没有脱衣服睡觉，连靴子也没有脱下来。后来，脚上的皮在脱靴子时被拉下了几块。

米开朗基罗自画像

他作诗写自己创作时的身体受苦："我住在这地牢里，甲状腺肿起，像那不知是喝了伦巴第污河，还是哪个地方的脏水的猫儿，肿的下巴连着肚子，疼痛不已。我胡须朝天，后颈下陷，贴紧脊梁，胸骨凸起，长成竖琴般模样。颜料斑斓，从画笔滴落脸上。我的髋骨挤进腹部，压迫内脏，臀部变成马尾皮带，承受体重，仰面朝天，像胡乱走窜的瞎眼。我前胸皮肤拉伸，松松垮垮，后背缩成一团，长了褶和茧，挺胸弯背，像亚述弯弓的半圆。快来救我，挽救我濒死的绘画衰落的名誉，绘画令我羞辱，令我生命痛苦。"[1]

罪罚观念从报应到教育的转化

在狭义的层面，法是由人制定的明确、普遍、抽象的规则体系，而在更广泛的层面，从行为约制的层面，我们应当把法的概念追溯到更古老的历史：宗教禁忌，神圣与凡俗的区分。在中国，解析礼制的"礼"字，便是祭祀中玉盘盛豆的象形。

米开朗基罗雕塑作品《哀悼基督》中，犹太人的弥赛亚、拯救世界的救世主，并不是一个肌肉发达的超人，相反，不同于米开朗基罗创作的《大卫》和《摩西》中充满力量的身体，不同于《创世记》和《最后的审判》中那些壮硕的肉身，耶稣的身体纤细又有些羸弱。耶稣在很多方面改变了《旧约》中关于罪罚的说法。最重要的改变是耶稣反驳法利赛人时强调的："字句叫人死，精义使人活。"[2]《新约》将《旧约》确定的狭隘的民族得救的宗教——犹太教发展为普遍的宗教。《旧约》中的罪罚在《新约》中出现了变化。

---

[1] 〔美〕卡罗琳·沃恩编：《米开朗基罗手稿》，文心译，北京联合出版公司2018年版，第60页。
[2] 《圣经·哥林多后书》3∶6。

米开朗基罗《哀悼基督》，创作于1498—1499年，现藏于梵蒂冈圣彼得大教堂

在《旧约》中，无论是身体受苦还是受奴役，惩罚都意味着折磨；但在《新约》中，苦难有了新的意义，它不再是上帝的惩罚，而是获救的必由之路。这种"苦难即获救"的解读在耶稣钉死在十字架上三天后又肉身复活的叙事中达到顶峰，即肯定苦难的价值，向死而生。

对身体受苦的新的解读，推动了罗马时代的禁欲主义的修道运动。早期修道运动的推动圣徒杰罗姆曾在叙利亚的荒野里隐居五年，磨炼自己的信仰和意志，在那里，他过着"严格的忏悔生活，同时交织着眼泪、呻吟，与精神恍惚的状态……他住在一间小屋或一个洞穴里，赚得自己每天的粮食，并以粗麻布蔽体"[1]。

---

1 〔英〕罗素：《西方哲学史》（上卷），何兆武、李约瑟译，商务印书馆1963年版，第420页。

在《旧约》中，当耶和华因人的罪发怒火时，他便用力量使人病痛，使人死，使人受苦，"以牙还牙，以眼还眼"，惩罚是神的"毁灭"的力量；而在《新约》中，耶稣基督所展现的力量更多是使死人活、病人康复的力量，是"治疗"的力量。耶稣教导人，有人打你的左脸，你把右脸也给他打，他用自己的肉身的死，替世人赎罪，即使被钉上十字架，也仍然为罪人祷告。在《新约》中阐释的"罪"的对立面，不再是《旧约》中的"罚"，即死、受苦、折磨，而成为《新约》中的"爱"，即爱神和爱人如己。如果《旧约》中的惩罚的目的是以神为中心的对人的肉身"报应"，那么《新约》中所宣扬的"爱"则转为以人为中心的对人的心灵"改变"。惩罚并不能消除罪恶，但爱可以。

世俗的刑罚制度历史，依循了同样的从肉刑到自由刑的制度变迁；对刑罚目的的研究，依循了同样的从报应到预防的思想变迁。然而，这种改变仍然停留在《旧约》惩罚中从肉体受苦到受奴役的变化。一如米歇尔·福柯在《规训与惩罚》中揭示的，现代刑罚从对受罚肉体的酷刑和虐待，逐渐转变为模范监狱、镇静药物、隔离手段、检查和监视等纪律制度，虽然看似"温和""人道"，但实际仍然是针对"肉体"的，通过驯服人的日常行为态度，继而驯服人的灵魂，是一个奴役的过程。

从改变人的角度来说，法律与宗教都具有某种"教育"的属性。相形之下，宗教信仰和圣灵感化似乎比世俗的刑罚更具有改变罪恶和犯罪人的力量。《圣经》中的罪罚观念，特别是《新约》中的罪罚观念，成为很多西方文学作品的主题。比如在法国作家雨果的《悲惨世界》中，经历了19年牢狱之灾的冉·阿让在出狱后更加痛恨社会、报复社会，而主教米里哀用爱心和宽容感动了冉·阿让，也改变了他的一生。

先 哲

《苏格拉底之死》的图像与涵义

达维德《苏格拉底之死》,创作于1787年,现藏于大都会艺术博物馆

达维德画作中的苏格拉底

《苏格拉底之死》这幅画作是法国画家达维德的作品,它创作于1787年。1787年,法国在波旁王朝统治下的君主制受到不断的思想解放运动、自由主义政治组织的冲击,摇摇欲坠;而在大西洋的另一端,美国宪法作为世界第一部成文宪法诞生,三权分立、民主共和、

达维德（Jacques-Louis David, 1748—1825），法国大革命时期的杰出画家，新古典主义美术的代表人物

人民的权利自由等启蒙思想家们的学说，作为制度和原则，确立其中。新古典主义美学借用古代的重大事件和英雄人物，以回应这一时期思想和政治的变革；达维德正是新古典主义美学的代表人物。在达维德的画作主题中，苏格拉底成为艺术创作的主角，具有强烈的现实意义。当然，我们知道，画作主题并不是达维德选择的，而是法国议会的一位律师委托的，然而，达维德为这一历史事件注入了新时代色彩的解读和重现。我们可以比较同一年（1787年）意大利的艺术家、雕塑家卡诺瓦（Antonio Canova）同一主题的浮雕作品——《克力同为已经死去的苏格拉底合上眼睛》。

卡诺瓦作品中对苏格拉底之死表达了悲痛的情绪，而达维德的画作则呈现了对这一历史事件的不同的理解。艺术史资料对达维德以及新古典主义美术的一致评述是，这些创作不是为艺术而艺术，而是为了道德说教。我们也可以比较达维德一系列其他的画作来确认这一点。他

卡诺瓦《克力同为已经死去的苏格拉底合上眼睛》，创作于1787—1792年间

创作于1784年的《贺拉斯兄弟之誓》，于1789年攻陷巴士底狱数周后在沙龙展出的《侍从奉还布鲁图斯其子的尸体》，以及为纪念马拉创作的《马拉之死》，这些作品一致表达了勇敢牺牲的高贵品质，这些品质正是法国革命运动所倡导的道德思想。达维德本身也是一位革命派，他是国民议会的成员，并且在拿破仑执政后成功地成为帝国的首席画家。

卡诺瓦（Antonio Canova, 1757—1882），新古典主义雕塑家

达维德《贺拉斯兄弟之誓》，创作于1784年，现藏于卢浮宫

达维德《侍从奉还布鲁图斯其子的尸体》，创作于1789年，现藏于卢浮宫

达维德画作《苏格拉底之死》描绘了《斐多》中记述的苏格拉底就义当日的情节。黑色背景下，身穿白袍的苏格拉底坐在光亮处，身边围绕着他的弟子朋友，多是悲伤的神色。苏格拉底面容平静，右手伸向装有毒药的杯子，左臂弯曲指向天空，意喻他为了单纯的、绝对

先哲 93

的理念，可以平静地、从容地接受死亡。苏格拉底向上的手指仿佛点亮了黑暗、恐怖、冷峻的牢狱，在众人的悲伤中，临终的苏格拉底的平静仿佛富含着激情。

关于苏格拉底形象的解读，"最善良、最正直、最智慧的第一哲人"的形象，"殉道者"的形象，都源于柏拉图所讲述的苏格拉底，或者说柏拉图所相信的苏格拉底。苏格拉底就义当日，柏拉图因为生病没有在场，达维德的画作中却出现了柏拉图的形象：他身穿白袍，端坐在苏格拉底床尾，低头沉思。达维德在柏拉图身下的石凳上签名，注释自己的创作灵感来源于柏拉图。达维德把柏拉图画得和苏格拉底一样大，而不是像实际那样比他小几乎30岁，而且让柏拉图穿上和苏格拉底同样的白色袍子。这并不是达维德的误读，而恰恰是一个非常准确、巧妙并且深刻的对柏拉图和苏格拉关系的理解和构思。达维德想要传达的是苏格拉底和柏拉图的师承关系，同样的年纪和服饰给予学生同他的老师一样的权威。除了晚年最后一部作品《法律篇》，柏拉图其他24部对话均以苏格拉底为主要对话者。我们已经难以分清对话中苏格拉底的讲述到底是他的思想，还是柏拉图自己的思想。

这幅中世纪的画作讲述了这种关系。历史中的苏格拉底述而不作，但在画中，坐在椅子上写作的人被标记为"苏格拉底"，柏拉图则在他身后指导，通过苏格拉底而写作。那么，我们可以说，解读苏格拉底即解读柏拉图。

苏格拉底述而不作，留下了三句格言："美德即知识""认识你自己",以及图中所绘的,也是苏格拉底用自己的死去践行的"守法即正义"。将苏格拉底作为鼓舞革命者为信仰和真理献身的典范,好像为我们理解苏格拉底打开了一个新的视角。从感性的层面,革命意味着激情,意味着为信念流血牺牲。不过我们也需要细细分辨一下,作为一个著名的历史事件、法律事件,苏格拉底的死,与革命者献身、牺牲是同样的意思吗?辨析这个问题,理解画作中苏格拉底的形象,需要我们回到历史。

该图为圣奥尔本斯的修士马修·帕里斯（Matthew Paris, 1200—1259）为《先师苏格拉底的预言》所画的扉页插图。此图曾被印在德里达（Jacques Derrida, 1930—2004）的著作《明信片》中

柏拉图记述的苏格拉底

公元前399年春天,诗人迈雷托士、修辞学家赖垦、复辟民主政府中的政治家安匿托士控诉苏格拉底慢神和蛊惑青年。苏格拉底辩护自己没有慢神,也没有蛊惑青年,但陪审团仍以280票对220票宣告年届70岁的苏格拉底有罪。审判官采用原告提议,判处苏格拉底死刑。

苏格拉底是枉死的。柏拉图在《游叙弗伦》中记述了苏格拉底上法庭准备受审前,与宗教家游叙弗伦的一番谈话。游叙弗伦因家仆的意外死亡，控告他的父亲慢神，苏格拉底就向他讨教什么是敬神，什么是慢神。但游叙弗伦的回答却表明，他其实并不明了敬与慢的本质，也没有向苏格拉底说明。雅典的宗教家尚且不明了敬神、慢神的本质，雅典人却认定了苏格拉底慢神的罪名。相反，在柏拉图和色诺芬的记述中，苏格拉底常常献祭，常常说是神明指教了他，说一个人的本分就是去学习神明已经使他通过学习可以学会的事情，说人是神预想的对象，人应当了解自己认识的局限，不要夸耀，因为最有智慧的当数神。苏格拉底说，他不曾是任何人的老师，不曾传授任何人知识，他只是像马虻粘在马上，刺激懒惰、迟钝、肥大的马，就像唤醒昏昏沉沉生活中的人，而这一切都是神的旨意，是神赋予自己的使命。

《游叙弗伦》书影

至于苏格拉底蛊惑青年，有一种观点认为，这个罪名实际出于政治目的。公元前406年，雅典对没有出手援救生还者的海战指挥官予以审判，苏格拉底作为元老委员会成员，是唯一坚决反对不依法律而采用民主的方式进行集体审判的人。受他影响的朋友中有一些是反对民主政体的人物，这些人物参与了公元前404年推翻雅典民主政体的运动，其中包括克里底亚和阿尔西比亚德。

在《反对提玛科斯》中，演说家埃斯基涅斯也这样说："你们这些雅典人杀害了苏格拉底，不就是因为你们认为他曾经教过克里底亚，而克里底亚又是推翻了民主政体的三十僭主之一。"但事实上，苏格拉底从来没有参与三十僭主的任何政治活动。柏拉图和色诺芬也在多处文献中（包括《会饮篇》《斐德罗篇》）向世人说明，阿尔西比亚德的妄为与苏格拉底没有关系。

苏格拉底并没有犯罪，法律却判他有罪。行刑前，苏格拉底有机会逃监，他的朋友克力同已经为他打通关节，劝他逃走。苏格拉底却谢绝了，他拒绝逃脱的根本原因在于他对"正义"的思考。苏格拉底说，他一生都在思考什么是正义，什么是不正义；未经雅典人释放，擅自逃脱是践踏和毁坏法律，是不正义；人不可以错换错，以恶报恶，他要言行一致，践行正义。

在就义的当日，苏格拉底与门徒最后的谈话仍然围绕"正义"的问题。苏格拉底说，他相信有绝对的公正、绝对的善、绝对的美，只有运用单纯的、绝对的理智，才能寻找单纯的、绝对的实质。如何运用单纯的、绝对的理智呢？当灵魂凭肉体观察的时候，就会带入变化无定的境界，迷失方向；而灵魂独自思考的时候，就进入纯洁、永恒、不朽、不变的境界，因此，要探求任何事物的真相，就得甩掉肉体，用灵魂观看。那么，我们要求的智慧，要等死了才可能得到。

苏格拉底因为守法而死，但却是为了求得正义。为了求得正义而"服从"哪怕是不正义的法律，苏格拉底的就义与革命者的就义（那种为实现正义而"颠覆"旧秩序的行为）其实是不同的意思。

在敦煌莫高窟254窟、428窟等，绘有萨埵太子舍身饲虎的故事，虽然中国历史中也流传"舍生取义"的烈女、忠臣的故事，但除了佛教题材的绘画，极少有以此种主题创作的绘画。相反，优雅、闲适的日常生活构成了传统中国人物画、叙事画的大部分内容。这恐怕与中国文化中忌讳"死亡"的观念有关。

然而，即便是如此类似的舍生取义的故事，也值得分辨和思量一番。因为无论是饲虎、断腕，中文语境中的"义"，其实都存在明确的现实指向，或者为明确的人或物而牺牲自我，或者为世俗的名节，即他人或历史的评价。

敦煌莫高窟428窟，《摩诃萨埵舍身饲虎》

哲学王的献身与革命者的献身

对苏格拉底之死以及什么是正义的思考，构成了柏拉图《理想国》的核心问题。书中记述，苏格拉底和年轻人格劳孔到雅典西南的一个港口献祭,观看表演。结束后准备回城,却和一伙年轻人相遇。其中一个年轻人挽留苏格拉底,邀请他到家中聊天。苏格拉底一行于是到了年轻人的家中,他先和年轻人的父亲克法洛斯闲聊,话题围绕"年老、财富和快乐"。苏格拉底问富有的克法洛斯,财富给他带来了什么好处,克法洛斯回答,最大的好处是没有亏欠的不安。说到"亏欠""欠债",苏格拉底引出了"正义"的话题。当克法洛斯离开后,《理想国》全部的谈话都是围绕苏格拉底和其余年轻人关于"什么是正义"的探讨。

《理想国》书影

苏格拉底首先反驳了三种流行说法:"欠债还钱""助友害敌""强者的利益"。前两种说法的问题在于它们不是周严的界定。第一种说法的反例是,"当原主头脑不正常的时候,无论如何不该还他"。第二种说法存在含糊:因为我们没有对"朋友"和"敌人"的准确定义,有时也会把坏人当成好人,并且,伤害别人——即使是敌人——也不正义。如果前两种定义还在肯定正义的价值,那么强者利益的观点,则极大贬低了正义在现实中的价值。色拉叙马霍斯关于正义是强者利益的观点,可以拆分为这样几个方面:第一,正义是利益;第二,作为一种利益,正义为强者服务;第三,不正义的人有精明的判断,在现实中能获得更大的利益,因此不正义的人比正义的人过得好。苏格拉底的反驳主要从正义对合作关系的效果出发,重新肯定正义的现实价值:不正义使一个群体分裂、仇恨、争斗，不正义的人根本不能合作，而正义使他们友好、和谐。

苏格拉底的反驳虽然说服了色拉叙马霍斯，但是并不能让其他年轻人满意，连苏格拉底自己也说，谈话到现在，没有获得对正义清晰的认识。反驳他人观点并不能获得对正义的认识，从现实效果的角度，也不能真正认识正义，那么对正义本质的认识应当从哪里找寻？

在苏格拉底看来，正义存在于"主体"之中，有城邦的正义、个人的正义。由此，我们可以了解，苏格拉底的正义不像前三种定义从"关系"角度的界定：债务人与债权人的关系，自己与友和敌的关系，统治者与被统治者的关系。正义不是一种关系中的道德，正义是主体自身的特质。

苏格拉底认为，城邦的正义是城邦内在的秩序。正义和秩序源于城邦的现实需要：城邦的建立、运转得益于每个人的劳动，而每一个人只有从事他擅长的工作，才能够做得好。因此，城邦的良好运转取决于城邦中的每一个人在恰如其分的位置上劳动。这种恰如其分的位置不是人决定的，而是神决定的。神在造人的时候，给每个人身上添加了不同的金属。金、银、铁和铜，决定了他在城邦中的位置和从事的工作。按照苏格拉底的说法，整个城邦就好像一个庞大的机器，个体就好像机器上的零部件，它们各司其职、严丝合缝地运转，使得机器和谐地运作。当一个城邦处于这样的状态，就是正义。城邦的正义，就是由个体之间的优化组合构成的秩序。

同样，一个人的正义，也是人的内在秩序。苏格拉底认为，一个人的正义和秩序，完全由灵魂的状态决定。灵魂的三种成分的和谐运转，即理智控制欲望和情感，就是个人的正义的状态。个人的正义和秩序是完全内在的，就是自己主宰自己，自身内秩序井然。

个人的正义和城邦的正义具有对称性。个人的正义得益于理性的控制，城邦的正义也是如此。在现实中，每个人不会天然地认识自我，在社会中找到自己恰当的位置，特别是贫穷和富有使国家结构发生变化的时候，"富则奢侈、懒散，要求变革，贫则粗野、低劣，也要求变革"[1]。因此，城邦正义的实现需要内在的某种控制力，正像个体灵魂中的理智控制欲望和情感一样。柏拉图在这里引入了"哲学王"的概念，他认为，哲学王应当承担实现城邦整体正义的责任。

理想国的统治者是一个哲学家，而不是伪哲学家。前者关注知识，后者关心意见。真正的哲学家是一个专注的人，他专注于现象背后的本质和永恒的部分，后者则为了哲学殿堂的美名和荣誉头衔，一味迎合人群的观点。真正的哲学家"敏于学习、强于记忆、机智、灵敏，还有进取心、豁达大度，有秩序地和平稳定地过日子"；"专心致志于真实存在的，无暇关注琐碎人事，或者充满敌意和妒忌与人争吵不休"；"他的注意力永远放在永恒不变的事物上，他看到这种事物相互间既不伤害也不被伤害，按照理性的要求有秩序地活动着，因而竭力模仿它们，并且尽可能使自己像它们"；而伪哲学家就像饲养野兽的人，"只知道按猛兽的意见使用所有这些名词儿，猛兽所喜欢的，他就称之为善，猛兽所不喜欢的，他就称之为恶。他讲不

---

[1] 〔古希腊〕柏拉图：《理想国》，郭斌和、张竹明译，商务印书馆1989年版，第135页。

出别的道理来"。[1]

理想国的统治者应当是真正的哲学家,因为只有真正的哲学家才能将城邦带向正义、善和理想。为什么只有哲学家有这样的能力?因为哲学家通过理性的力量,不仅能够看到"可见的世界",而且可以看到"可知的世界";而普通人只能通过感官感知"可见的世界"。柏拉图所说的"可见的世界"就是洞穴之中的世界;"可知的世界"是洞穴之外的世界,哲学家就是从洞穴中逃出来的那些人,他在太阳下闯荡,逐渐获得了理念世界中的真理。

他本不必重回洞穴,但是理想国中的哲学家是个保持纯真的初心、忘我执着的人。他回想起当初的穴居、那时候的智力水平、禁锢中的伙伴,于是凭着单纯的自我庆幸和为伙伴们的遗憾,仍然回到了洞穴。他讲述的外面世界的故事受到了嘲笑,被视为一个破坏现有秩序的怪人,被同伴杀掉。

如果说革命是实现正义和恢复秩序的行为,那么洞穴哲学家的献身,同革命者一样,目的在于将旧秩序中受桎梏的人带出,进入新的、真实的、善的世界。

柏拉图在讲述那个重回洞穴、失败了、被杀掉的哲学家的时候,一定会想到他死去的老师苏格拉底。摆脱桎梏的哲学家本不必重回洞穴,他重回洞穴是为了拯救被囚禁的同伴。不是所有真正的哲学家都愿意承担这种责任:"就像一个在暴风卷起尘土或雨雪时避于一堵墙

---

[1] 〔古希腊〕柏拉图:《理想国》,郭斌和、张竹明译,商务印书馆1989年版,第252、242页。

下的人一样，看别人干尽不法，但求自己得能终生不沾上不正义和罪恶，最后怀着良善的愿望和美好的期待而逝世，也就心满意足了。"[1] 大部分的哲学家是这样的。但是，作为王的哲学家，需要某种为了整体而自我牺牲的责任。就像柏拉图在谈到护卫者没有从城邦中得到任何好处时所说的："我们建立这个国家的目标并不是为了某一个阶级的单独突出的幸福，而是为了全体公民的最大幸福。"[2]

洞穴版的哲学王的统治没有成功的根本原因在于，哲学王统治的实现需要理性的土壤。哲学王的统治不是"管理"现实世界，而是带领成员们走出洞穴，超越现实，去"观看"已经习以为常的世界之外的世界。只有那时，人们才会相信哲学家，顺服他的带引。

同洞穴故事一样，我们不应当将柏拉图的"哲学王"理解为一个真实存在的人，不应当将柏拉图的"哲学王统治"理解为"人治"。哲学王同样是一个比喻，是城邦的理性的化身。柏拉图的理想国是囚徒走出洞穴所看到的世界，是一个人人具备理性的世界。要人人具备理性，需要哲学王（理性）的教化和引领，因为他能够带来真实的认知和自由。在那个时候，当人人站在太阳下清晰地看到这个世界、看到自己的时候，就是"哲学王统治"实现的时候。我们可以说，哲学王的统治，就是理性的统治。

在这个层面上看，苏格拉底的死具有革命的意义，具有宗教的救

---

[1]〔古希腊〕柏拉图：《理想国》，郭斌和、张竹明译，商务印书馆1989年版，第248页。
[2]〔古希腊〕柏拉图：《理想国》，郭斌和、张竹明译，商务印书馆1989年版，第133页。

赎的意义。但是，我们不能将哲学家献身、苏格拉底之死的正义，理解为个体为集体牺牲的正义。城邦正义的实现，依赖于通过哲学王"唤醒"的个体正义的实现。如前所述，苏格拉底的正义不是"关系"之中的正义，而是主体内在的秩序；通过理性得出的是非判断，是对"事"的正义，而不是对"人"的正义。哲学家的献身，根本原因仍然在于哲学家自身，他是为了践行"知识和信念"。

坚持正义的信念所获得的报偿，也并不是来源于他人给予的名望或财富，而是来源于"神"。《斐多》中，苏格拉底在临死前和弟子们谈论正义者的报偿在于获得神的奖赏，获得自己和神的爱，无论今生还是来世。和他的老师一样，柏拉图在《理想国》的最后，通过勇士战死又复活的故事，强调一个愿意并且热切追求正义的人，在人力所及的范围内实践神的美德，一定不会为神所忽视。

有人说，晚年的柏拉图因为叙拉古的政治失败，放弃了理想国、哲学王的构想，开始认识到法律在现实中的重要作用，将哲学王的统治现实化为法律的统治，从"人治"发展为"法治"。然而，通过我们对苏格拉底之死和柏拉图正义学说的解读，我们在其中看到了柏拉图学说的一致性，也看到了《理想国》中西方法治的萌芽。它不是如何与现代法治精神相一致的那些规范和原则，而是构成西方法治传统，有别于东方法文化的那些东西——相信存在高于现实世界的另一个世界，而这个世界只有通过理性能够看见，它能够帮助人识别现实世界；强调人和国家的正义内在于主体自身，而不是关系之中；对正义和善的信仰来源于人对神的服从；人对正义之事的执着，表现为从世俗桎梏中解放，进入理念中的世界，陷入"巴库斯的沉醉"而忘我，是自我从旧秩序中走出，通过理念建立新秩序的"自我的革命"。

苏格拉底形象的创作意图与画家的误读

图像确实能够更为突出地呈现人物形象特征，但是图像所呈现的人物形象是画家选择的特定瞬间的形象，并且是画家随自身的知识和意图所呈现的人物形象，而苏格拉底之死、苏格拉底的殉道本身存在丰富的探讨空间。我们从达维德道德说教、革命宣传的角度去辨析苏格拉底的真实形象，就会发现两种形象的错位和改变。

我们对达维德画作中作为革命者的苏格拉底的解说有些牵强，没有非常充分的根据，因为这种关联，达维德本人并没有直接表明他的意图，我们是从他的其他画作、他的经历以及艺术史中得出的。至少参照希腊文献，达维德还是对苏格拉底进行了某种美化，他的大鼻子、肚腩、秃头都被一一美化。

对于达维德的道德说教，艺术史界其实也存在差异很大的看法，《詹森艺术史》就这样讽刺把画画作为政治投机的达维德：

> 1789年法国大革命爆发，达维德成了狂热的革命者，1792年新的共和国成立后，他又变成了权势人物。他同时还是国民大

会的成员，负责管理艺术事务，实际上就是共和国的宣传部长。他投票赞成处决国王，并把革命领袖乔治-雅克·丹东（Georges-Jacques Danton）送上断头台，另外还成功地关闭了皇家学院。他大部分时间都用来签署逮捕令了，导致没有时间进行大量创作。

《马拉之死》……是一个带有宣传性的谎言。实际上马拉的浴室相当豪华，并不是像这里见到的这种共和国时期修道院般的房间。画中的房间简朴到了如此地步：被单上打着补丁，板条箱用来当写字台。此外，马拉当时是出名的丑陋，但在这里他却拥有希腊神祇般的体格和天使般的面容。颓然垂下的手臂毋庸置疑是来自下十字架、哀悼基督或圣母哀子场景中的基督……被单则让人联想到基督的裹尸布，而普通的写字箱被抬高为陈旧的墓碑……在板条箱上，他在自己的签名上写上"致马拉"……显得像是画家的个人声明。[1]

不过，贡布里希在《艺术的故事》中却这样维护他：

达维德是革命政府的官方画家……他从希腊和罗马雕刻中学会了怎样塑造躯体的肌肉和筋腱，怎样赋予躯体外形高贵的美，他也从古典艺术中学会了舍弃所有无助于主要效果的枝节细部，

---

[1] 〔美〕H. W. 詹森、J. E. 戴维斯等：《詹森艺术史》，艺术史组合翻译实验小组译，湖南美术出版社 2017 年版，第 819—820 页。

学会了力求单纯。画中没有复杂的色彩，也没有复杂的短缩法。跟科普利的大型展品相比，达维德的画显得质朴。这是感人至深的纪念……[1]

贡布里希（E. H. Gombrich, 1909—2001）

《艺术的故事》书影

哪一个是真实的达维德？无论是画作、文字还是语言，当我们想要竭力地重现和看清一个人的形象时，也许我们的意图和他们的形象之间有着永无消除的误读，我们只能这样竭力地重现和看清。这个过程也正像图像学研究致力于达成理性和客观，却无法消除人文社会科学天然的主观属性。

---

[1]〔英〕贡布里希:《艺术的故事》，范景中译，广西美术出版社2014年版，第336页。

签字厅壁画中的柏拉图主义

作为艺术史图像学的开创者，潘诺夫斯基在他的代表作《图像学研究：文艺复兴时期艺术的人文主题》中，用一半的篇幅论述文艺复兴时期的新柏拉图主义运动，

潘诺夫斯基（Erwin Panofsky, 1892—1968）

《图像学研究》书影

列举波提切利、米开朗基罗等受到柏拉图影响的艺术家及其艺术创作。拉斐尔在梵蒂冈宫签字厅绘制的四幅主题壁画，正是以柏拉图及其思想为核心的创作。

现在，我们将从画作以及文献中，去理解柏拉图在西方知识和思想历史中的源头的地位，特别是通过其中以法学为主题的绘画，理解柏拉图正义和法律学说在西方法律历史中的源头的地位。这位古人从没有作古，他的思想强有力地影响西方，影响现代，他始终是一个现代人。

1508年，年仅26岁的拉斐尔受教皇尤利乌斯二世的邀请，为梵蒂冈宫的签字厅画壁画，东墙为《圣礼之争》，西墙为《雅典学院》，北墙为《帕那苏斯山》，南墙为《法学三德》，大厅顶部绘制《圣经》与希腊传说中的四个故事："亚当和夏娃""最初的推动者""阿波罗与玛耳绪阿斯""所罗门的判定"，以歌颂神学、哲学、诗歌和法学。

拉斐尔（Raffaello Santi, 1483—1520）

　　梵蒂冈宫签字厅的四幅主题壁画以强大的视觉冲击力，展示了拉斐尔对文艺复兴之前神学、哲学、诗歌和法学的理解，可以说是以画作表达的"拉斐尔式的总结性的知识"。一如拉斐尔从他老师佩鲁吉诺（Pietro Perugino）那里学习到的人物类型的平静和谐之美——拉斐尔在四主题的构思设计中，展现了以柏拉图为核心的基督教文明与希腊精神的统合，法律制度、宗教教义与柏拉图伦理学说的统合，以及感性的古希腊神话传说与理性知识的统合。

哲学主题画中的柏拉图

　　不同时代、不同地域、不同学派的学者们在拉斐尔画笔下的《雅典学院》中同时再现。通过设计画中人物的姿态、神情、手势、方位

拉斐尔《雅典学院》，创作于1509—1510年，现藏于梵蒂冈博物馆

和色彩，拉斐尔以极简洁、准确又巧妙的方式呈现了以柏拉图为核心的希腊学者们的个性、主要观点和人物关系。

画作中心的柏拉图和亚里士多德被放置在中轴线的两侧，柏拉图轻侧脸庞转向与他交谈的亚里士多德，左臂夹书，右手食指指向天空，代表他研究形而上和理想的世界。这种"形而上"，就是柏拉图在《蒂迈欧篇》中论述的"理念"。理念相对于实体，实体乃是生成，唯有灵魂不朽、理念不灭；而柏拉图的理想的世界，是《理想国》中有秩序的世界。对于一个国家来说，这

《雅典学院》局部图：柏拉图与亚里士多德

种秩序就是各司其职、各安其分；对于一个人来说，这种秩序就是理智对欲望和情感的牵引，理想的人生不是追逐"人世之利"，而是拥有善和美德。

与柏拉图并肩行走中的亚里士多德则完全转向他的老师柏拉图，左手握书，右手手掌按向地面，代表他关注真实和实在的世界。物理科学家们居于亚里士多德一侧，包括弯身画圆的欧几里得，讲解天球仪的托勒密，静默站立的芝诺·季蒂昂，半躺在台阶上不修边幅的第欧根尼。

形而上哲学家们位于柏拉图一侧，紧挨着柏拉图和青年们热切交流的是柏拉图的老师苏格拉底。讲演中的他富于激情，双臂前伸，似在比画着什么；四位青年听众聚精会神，他们身后的一位青年挥手，招呼不远处的几位青年一起来听。画面中，拉斐尔对苏格拉底传说中的形象予以了美化：画面中的苏格拉底仍然是秃头，却没有了传说中扁平的鼻子、突出的双目、肥胖的肚子。

《雅典学院》局部图：苏格拉底讲学

拉斐尔笔下苏格拉底与青年交流的形象，正来自"柏拉图笔下"的苏格拉底。在柏拉图的笔下，苏格拉底是一个"好问者"，一个不断寻求真理的哲人。他通过"反诘法"，向对话者寻求难题的解答；通过"助产术"，引导对方接近真相。这组画面同时也再现了当时众多青年听众对苏格拉底的着迷。这是苏格拉底最终因"蛊惑"青年被判死刑的精彩前奏。

画作左下方的毕达哥拉斯与画作右下方的欧几里得遥遥相对，与柏拉图构成了一个等边三角形。这种方位的安排表明了三学者观点的密切关系。柏拉图的"理念"来自毕达哥拉斯的数学演绎法；同样从事数学研究的欧几里得，是柏拉图的学生。他的《几何原本》通过严密的演绎逻辑，把建立在一些公理之上的前辈的几何学知识进行总结和体系化，使几何学成为系统的专门的学问。

伊壁鸠鲁倚着石柱，背向人群，头戴花环，专注地读书。花环代表了"快乐"；头顶花环、背向人群、专注读书的形象，传递出伊壁鸠鲁所主张追求的快乐，是宁静的快乐和有节制的快乐，而非物质和感官的快乐。拉斐尔将其放置在柏拉图一侧，表达出伊壁鸠鲁同柏拉图一样，追求灵魂相对于肉体的优越，心灵的快乐高于肉体的快乐。

赫拉克利特位于画面最前端，与毕达哥拉斯、苏格拉底构成了一个等边三角形。画面中赫拉克利特坐在台阶上，倚靠石凳，托腮沉思，有忧郁之感，柏拉图从他身后走来。同毕达哥拉斯、苏格拉底一样，赫拉克利特的哲学观点直接影响了柏拉图。柏拉图接受了赫拉克利特关于万物流变的挂念，但化解了赫拉克利特的消极，太阳每天都是新的，人不可能两次跨入同一条河流，感

官世界没有永恒，永恒存在于理智之中。

第欧根尼在亚里士多德前方的台阶上，正如犬儒派奉行的人生哲学：他呈现"半卧"的姿态，脱下淡紫色的长袍随意垫在身下，着一件蓝袍，半赤裸上身，读一本书，展现出一种出世、不羁的态度。伫立在其右侧的斯多葛主义的代表人物芝诺，着红色长袍，侧脸回望第欧根尼，体现出两学者观点的联系。斯多葛主义受到了犬儒学说的部分影响，与犬儒派一样拒绝形而上学，肯定现实世界的存在，也同犬儒派一样追求德行。

除了人物的姿态、神情、道具、手势、所处位置以及背景等符号，色彩也是画家传递信息的重要手段。在人物形象中使用不同的色彩，可以体现不同的人物性格。譬如第欧根尼只着蓝袍，蓝色是冷静、理智的色彩性格；与之相对的芝诺着红袍，红色意味着生命力，这与犬儒冷漠的人生态度截然相反，斯多葛学派宣扬仁爱。同样，在其他人物服饰的色彩中，我们也能读到与之学术观点相符合的色彩性格。

画作中还有两位非希腊学者，柏拉图一侧为阿拉伯哲学家阿维洛伊，正俯身看毕达哥拉斯演算；亚里士多德一侧，芝诺身后那位持杖的老人，是古波斯教创始人琐罗亚斯德。他们出现在希腊学者中，一方面表明其受到希腊文明的影响，另一方面也表明，希腊文明通过希腊以外的学者得以保存。

《雅典学院》局部图：芝诺

与生动的人物形象相辉映的，是神圣而悠远的巨大拱门的背景，以及居于画作左右两侧的艺术神阿波罗雕像和智慧女

先哲 113

神雅典娜雕像。柏拉图和亚里士多德从以蓝天为背景的拱门中走来，就好像从天上走来，画作两侧的阿波罗和雅典娜注视着这些学者，看着他们讨论、沉思、阅读、写作、演算、讲解、聆听……就好像这些人是与神最近的那些人，他们的智慧受到了神的感召，他们是超人、天才，具有神性，他们聚合在一起的学院就好像是神的殿堂。拉斐尔通过这些视觉形象，表达出他对希腊爱智精神的崇拜和追忆：学习和钻研类似信仰那样神圣，知识即信仰。

画作同时融合了与拉斐尔同时代的人物：环绕毕达哥拉斯群像中，位于古希腊修辞学家圣诺克里斯特身后的是乌尔比诺公爵弗朗西斯科·罗非尔；环绕托勒密的有建筑学家布拉曼特，拉斐尔的朋友、画家索多马，以及拉斐尔本人。实际上，拉斐尔设计的柏拉图和亚里士多德的形象也并非真正的柏拉图和亚里士多德，而是分别源自达·芬奇和米开朗基罗的相貌。古人与今人的交融，表达了拉斐尔对其时代的乐观，文艺复兴即对以柏拉图为核心的希腊文明的复兴。

《雅典学院》局部图：拉斐尔与其同时代人物

神学与诗歌主题画中的柏拉图

　　神学主题的壁画《圣礼之争》（La Disputa）是一个完整的构图。拉斐尔以蓝色天空为界，并通过画作中心的祭坛相联，区分天上的世界和地上的世界，这个构想来自奥古斯丁的"双城"，同样可以追溯到柏拉图关于理念与实体、灵魂与肉体的二分。拉斐尔的"三位一体"同样受到了当时新柏拉图主义者的影响：天空的部分由上中下三组人物构成，耶和华为第一，耶稣、圣母、施洗者圣约翰为第二，神的

拉斐尔《圣礼之争》，创作于1509—1510年，现藏于梵蒂冈博物馆

使者和耶稣的祖先为第三。

人间的部分,中心位置表现为在祭坛两侧的,以四教父为核心的宗教教义的讨论:祭坛右侧为身着红衣、未戴帽、埋头沉思的格里高利,着金色华贵服饰的阿甫罗西;祭坛左侧为致力于将柏拉图主义和基督教思想打通的殉道者查士丁,和拉斐尔描绘的柏拉图那样,右手手指指向天空,杰罗姆顺着查士丁手指方向仰望天空,体现杰罗姆神学思想深受古希腊哲学影响(据说,杰罗姆曾经梦到耶稣,说他是一个西塞罗的信徒)。[1] 奥古斯丁侧身与青年交谈。和杰罗姆一样,在《上帝之城》一书中,奥古斯丁将柏拉图置于所有其他哲学家之上。

《圣礼之争》局部图1

《圣礼之争》局部图2

在人物群像中,除了普通民众和教皇,拉斐尔将现任教皇尤利乌斯二世以及拉斐尔欣赏的但丁绘制其中。但丁身后面向祭坛方向、身着黑袍的人是萨伏那洛拉,他曾被教皇亚历山大六世判处火刑。拉斐尔以此表明,在宗教教义之争中,学说的分歧也伴随着对异己者的压

---

[1] 〔英〕罗素:《西方哲学史》(上卷),何兆武、李约瑟译,商务印书馆1963年版,第422页。

迫和残害。在教堂如此重要的房间保留了这一人物形象，让人惊诧文艺复兴时期宗教开明的气氛。

拉斐尔设计了诗歌主题壁画《帕那苏斯山》（The Parnassus），并将这个主题与神学、哲学、法学并列，似乎是"非柏拉图"的，因为柏拉图将诗人们赶出了《理想国》，认为他们不受智慧的引导，而受制于非理性的灵感。但拉斐尔选择的诗学主题引导画仍然源自柏拉图。玛耳绪阿斯自以为捡到了雅典娜遗失的笛子，就可以与艺术神阿波罗较高下，受到了阿波罗严厉的惩罚。正如画作中表现的玛耳绪阿斯挑战失败后被阿波罗剥皮的情形。这个故事展现了柏拉图有关"苏

拉斐尔《帕那苏斯山》，创作于1509—1510年，现藏于梵蒂冈博物馆

《天顶画》局部图：阿波罗与玛耳绪阿斯

《天顶画》局部图：亚当和夏娃

格拉底探寻神谕"的哲理。神谕说，苏格拉底是最有智慧的人，因为他知道自己并没有什么智慧。苏格拉底四处奔走寻访那些他认为有智慧或自认为有智慧的人，发现他们并没有什么智慧，于是理解了神谕：人应当有自知之明，因为只有神才有真正的智慧。

天顶四主题引导壁画的创意，仍以柏拉图为核心来源。哲学主题引导画最初推动者的构想，来自柏拉图《蒂迈欧篇》中有关创世记的内容，也使人自然联想到《圣经》的开篇《创世记》；法学主题引导画选择一无所求但求智慧的所罗门作为主角，表达出法律的正义来自人的智慧，而人的智慧最终来自上帝的赐予；神学主题引导画虽然来自《圣经》故事，但拉斐尔表现的亚当和夏娃并不是"忏悔"的亚当和夏娃，而是"柏拉图式"的亚当和夏娃。画作中，亚当和夏娃彼此凝视，充满爱欲。在《会饮篇》中，柏拉图通过苏格拉底之口，描绘了两性关系如何超越感官快乐，从欲望上升和净化为爱情，成为伴侣。

法学主题画中的柏拉图

最后我们来看法学主题壁画《法学三德》(Cardinal and Theological Virtues)。以法学为主题的南墙由三幅画组成：绘于大窗户之上半圆空间的《三德图》，窗户两侧长形空间的《皇帝查士丁尼颁布罗马法典》和《教皇格里高利九世颁布教令》。皇帝与教皇颁布法律的图画共同位于《三德图》之下，表明世俗法与教会法统一在同样的道德律令之下。

拉斐尔将这种道德律令总结为柏拉图提出的四种美德：勇敢、智慧、节制、正义。四种美德以女神的形象体现：天顶画中的正义女神，《三德图》中的勇敢、智慧、节制女神。在《三德图》女神身旁，分别有象征爱、望、信的三个小天使，体现柏拉图伦理学说与基督教教义的一致和融合。

当查士丁尼颁布法典，教皇格里高利九世颁布法典时，主权者坐在人群中央的椅子上，周围从众表现出严肃、郑重的态度，并以跪拜的姿势接受法典。两幅画面的上方是女神和天使的画面，寓意柏拉图关于勇敢、智慧、节制的德性和基督教中爱、望、信的教义的融合，并在天顶画中，通过正义女神（寓意柏拉图正义的德性）总结文艺复兴以前的全部的法学。这样一种上与下的构图，非常准确地呈现了柏拉图理念与形式的二分，基督教精义和字句的区分，以及西方语境中法的应然与实然的双重含义。

先 哲

拉斐尔《法学三德》,创作于1509—1510年,现藏于梵蒂冈博物馆

构图意在表达,在现实法律之上,无论是世俗法律还是教会法律,存在一种确定的、客观的、普遍的权威和根据——我们为什么要信仰法律,为什么要维护法律的权威?从柏拉图开启的古典正义理论认为,识别法的现实根据在于法的应然,具体来说,就是正义。因为理念形式超越现实,它是比现实现象更为完满、绝对、永恒的实在,而正义正是这样一种超越现实法的理念,更为完满、绝对、永恒的客观实在。受到古希腊思想的影响,罗马法将现实法之上的法则称为"自

然法",在教会法中,自然法体现为人的自然理性,人的自然理性源于神意。罗马法学家也有如此的格言:法律是公平善良之术,法律是人与神的事务,是正义与不正义的科学。可以说,古希腊法学思想的核心正是关于正义的理论。拉斐尔用正义女神的形象去高度概括和总结文艺复兴之前的法学知识,非常准确地呈现了古典正义和法律理论的精髓。

柏拉图如此讲述法的形式和理念的关系:"国家一旦很好地动起来,就会像轮子转动一般……把规矩订成法律我认为是愚蠢的。因为仅仅订成条款写在纸上,这种法律是得不到遵守的,也是不会持久的……我们的城邦假如已经正确地建立起来了,它就应是善的……这个国家一定是智慧的、勇敢的、节制的和正义的……我们在建立我们这个国家的时候,曾经规定下一条总的原则。我想这条原则或者这一类的某条原则就是正义。"[1]

在柏拉图看来,法律规则是易于变动的,而法律原则是稳定的。但是我们有疑惑:正义是不是一个变动的概念?评判是非、对错,因人而异、因事而异,每个时代是不是都有一套正义的标准,每个人心中是不是都有一套正义的法则?如果是这样,柏拉图的道德理念如何支配古罗马的法律制度、中世纪的法律制度,如何支配世俗法和教会法?

要理解这个问题,我们首先需要把西方语境中的、柏拉图语境中

---

1 〔古希腊〕柏拉图:《理想国》,郭斌和、张竹明译,商务印书馆1989年版,第138—154页。

的正义，与传统中国语境中的正义区分开。中文语境中的正义始终有一个现实的特定对象，它是具有强烈感性色彩的。而柏拉图语境中的正义、古典正义理论中的正义，却被视为普遍、恒常和客观实在的。

苏格拉底、柏拉图和亚里士多德终结了古希腊智者将知识引入诡辩、怀疑和相对的趋向，他们共同相信绝对价值的存在，并且认为可以凭借人的理性探求绝对价值，探求真理和真相；而正义并不是主观的、相对的事物，它就是绝对价值，是可以凭借人的理性认识的客观实在。

《斐多》记述了苏格拉底就义当日与门徒关于正义和不朽的讨论。苏格拉底说，绝对的公正、绝对的美、绝对的善，我们认为有还是没有？有，并且这些知识是与生俱来的。不同于那些混合的或综合的，经常变化、容易消散的事物，至真、至美等抽象实体是真正的本质，不怕被吹散，是永恒不变、始终如一的。

苏格拉底进一步追问，那么有谁亲眼见过吗？没有。苏格拉底用自己求知的经历告诫说，不要靠眼睛、靠感官去看世间万物，去捉摸事物的真相，而是要运用单纯的、绝对的理智，依靠概念，从每件事物中寻找单纯、绝对的实质。

柏拉图在《理想国》中延续了关于正义的探讨，进一步确定了作

苏格拉底半身像，罗马时代复制品

柏拉图半身像，罗马时代复制品

为绝对价值和知识的正义，以及正义与理性的关系。柏拉图区分了"知识"和"意见"，正义不是这样或那样的"意见"，而是客观恒常的"知识"。柏拉图从正义的个体推及正义的群体，所谓正义的个体，即表现为理性状态的一个理性之人，理性主宰欲望和意志，自身内在秩序井然；而正义的群体正是由这样能够认识自我以及认识自我的群体角色的理性个体所构成的。

有个人的正义，也有整个城邦的正义。"我们每一个人如果自身内的各种品质在自身内各起各的作用，那他就也是正义的，即也是做他本分的事情的……两者（理智和激情）既受到这样的教养、教育并训练了真正起自己本分的作用，它们就会去领导欲望……每个人必须在国家里执行一种最适合他天性的职务……正义就是只做自己的事而不兼做别人的事……即每个人都作为一个人干他自己分内的事而不干涉别人分内的事……各做各的事而不相互干扰时，便有了正义，从而也就使国家成为正义的国家了。"[1]

亚里士多德忠实地继承了柏拉图关于绝对价值的确信，他的《伦理学》和《政治学》即讲述了以"善"为目的的理想个体和理想社群。正义正是其中的一种目的、一种善。中文语境中的"善"，指心地善良，纯真温厚，它带有强烈的情感色彩。而在苏格拉底和柏拉图建立的作为秩序要求的个体正义和城邦正义的基础上，亚里士多德为群体的正义秩序建立了一种明确、客观、理性的框架，即作为交往理

---

[1]〔古希腊〕柏拉图：《理想国》，郭斌和、张竹明译，商务印书馆1989年版，第154—156页。

性的正义。

亚里士多德的正义理论,从柏拉图对个体和城邦理性秩序状态的静态描述,转向现实生活中个体与个体、个体与群体的应然的交往关系——守法与均等、分配与矫正、交往理性与友爱的关系。

在《法的形而上学原理》中,康德引述古罗马法学家乌尔比安的三句法律格言,总结古希腊三贤建立的法律正义的认知框架:"正直地生活",对应柏拉图所说的作为理性个体内在的正义状态;"不侵犯他人",对应亚里士多德所说的矫正正义的要求;"把每人自己的东西归给他自己",则对应亚里士多德所说的分配正义。[1]

亚里士多德半身像,罗马时代复制品

康德(Immanuel Kant, 1724—1804)

现代法学家菲尼斯在他的《自然法与自然权利》中,遵从亚里士多德从个体外在行为关系的维度理解法律正义,他将此表达为"实践原则"。实践原则同古典正义理论一样,存在目的指向。这个目的指向就是古典正义理论中的"善"。在共同善的理念下,菲

---

[1] 〔德〕康德:《法的形而上学原理——权利的科学》,沈叔平译,林荣远校,商务印书馆1991年版,第48页。

尼斯将正义解析为三个方面：第一，正义处理人际交往关系，"只有当存在复数的个体，以及涉及他们状况的实践问题或彼此之间的互动，才会存在正义或非正义的问题"；第二，正义处理人际以"债"为核心的义务

菲尼斯（John Finnis，1940— ）　　《自然法与自然权利》书影

和权利关系，"人们欠了什么或归还别人的债务，相应的他人有何权利"；第三，正义的标准包括共同体内部分配和再分配的平等原则，也包括对个体交往中打破"平等"状态的矫正，如违反合同义务、侵犯财产权利等。[1]

很明显，菲尼斯对正义标准的论述建立在亚里士多德分配正义和矫正正义的框架之上，但同时，菲尼斯对正义元素的拆分隐含并修正了柏拉图在《理想国》开篇提出的有关正义的三个定义：正义就是"助友害敌""欠债还钱""强者的利益"。菲尼斯将"敌与友"的主观论断修正为现代社会中平等个体之间的关系，将"钱与债"的事实描述修正为现代社会中"权利与义务"的规范关系；将"强者的利益"改变为对"平等原则"的实践。

---

[1]〔英〕菲尼斯：《自然法与自然权利》，董娇娇等译，中国政法大学出版社2005年版，第132—135页。

法律是正当理性的命令，现代法律中的人的形象，正是一个理智之人的形象。一个理智之人拥有属于自己的财产，对他的财产享有权利，并对他的过错承担责任，可以与另一理智之人达成合意，这种合意具有视同法律的效力。现代民法的三大原则——私权神圣、契约自由、过错责任——正是基于这样的理性之人的个体形象建立起来的。而柏拉图正是这一理性传统、绘制这一理性之人形象的思想源头。

在签字厅壁画之前，拉斐尔的名声来自他绘制的种种圣母像，来自圣母像中"拉斐尔式"的恬静的美感；真正成就拉斐尔，使拉斐尔与他崇拜的达·芬奇、米开朗基罗并列成为文艺复兴三杰的作品，是签字厅壁画，特别是其中的《雅典学院》。因为这些作品以单纯的和令人震撼的美，通过简洁、准确、巧妙的构思和设计，传递给了我们拉斐尔对古典及其时代的深刻理解。

拉斐尔《西斯廷圣母》，创作于1513—1514年间，现藏于德累斯顿茨温格博物馆古代艺术大师馆

拉斐尔《椅上的圣母》，创作于1514—1515年间，现藏于佛罗伦萨庇蒂美术馆

金链与荣誉：
《亚里士多德凝视荷马》释义

伦勃朗《亚里士多德凝视荷马》，创作于1653年，现藏于大都会艺术博物馆

伦勃朗画中的古希腊三人

《亚里士多德凝视荷马》是画家伦勃朗于 1653 年的作品，是意大利人唐·安东尼奥·鲁福（Don Antonio Ruffo）向伦勃朗定制的三幅油画作品之一（另外两幅为荷马肖像和亚历山大大帝肖像）。图像中的亚里士多德身着华丽的衣饰，一手垂于髋部，手指拨弄他佩戴在胸前的那条长而沉重的金链，另一只手触摸一尊荷马的半身大理石胸像（这件雕塑曾是伦勃朗工作室的藏品）。在亚里士多德和荷马之间，那条金链上悬挂着一枚小小的像章。我们看不清像章中的人像，只能分辨出是一个戴着头盔的男子。这个金属头盔让我们识别出它是亚历山大大帝的侧影。在后来伦勃朗向鲁福交付的那件亚历山大大帝肖像的订件中，我们再次看到了同样的头盔和侧影。

触摸和沉思的构图，表现思想家对昔日诗人的崇敬之情，这并不是画家的臆想。亚里士多德曾经在著作中上百余处，特别是在《诗学》中，提及或称赞荷马及其论说。对荷马的重视同样体现在亚里士多德的老师柏拉图的著作中。事实上，自公元前 6 世纪雅典执政者庇士特拉妥领导当时的学者们编订《荷马史诗》起，《荷马史诗》即成为古希腊时期重要的教育读本。[1]

---

[1] "亚里士多德写有 6 卷的《荷马问题》……而且为亚历山大编订了《伊利亚特》《论诗人》以及关于创作和修辞学的著作……亚里士多德讨论城邦与家庭的关系时，就引用荷马史诗作为根据……在希腊人的教育中，荷马的作用更加突出。至少从公元前 6 世纪后期开始，在雅典的泛雅典娜大节上，

《荷马史诗·伊利亚特》展现了公元前12世纪到公元前9世纪希腊社会生活的画面，包括军事民主制度、奴隶制度、父权制度，铁器工具的使用，制陶业、纺织业的发展，以及贫富分化，等等。[1] 如英国学者哈蒙德在《希腊史》中指出，史诗中谈到的器物已为考古发掘所证实，《伊利亚特》是一个关于青铜时代晚期迈锡尼文明的真实记录。虽然诗中夹杂了超人的业绩、神明的干预、民间传奇以及诗人的幻想，但正是通过这些非历史因素，荷马忠实地转述了英雄时代的基本信仰，确定了有关人的理想和宗教信念。[2]

　　这种"应然"的理想信念，源于对连神祇都必须服从的"必然"法则的认识。是碌碌一生安享长寿，还是带着荣耀早早死去？《伊利亚特》的主角阿喀琉斯面对既定的命运，选择了勇气、荣耀和死亡。英国学者基托在《希腊人》中评述，"在诸神的眼里人根本算不了什么……这里的音调是谦卑退让的"，而荷马却通过英雄搏杀、建功立业的事迹，在这种悲剧底色之上赋予了完全不同的色彩："英雄证明了他的勇气，赢得他的荣耀，却可能要建立在他的死亡之上……美，就像荣耀，必须去追求，虽然其代价是眼泪和毁灭。难道这不是有关特洛伊战争的整部传奇的中心思想吗？"[3]

朗诵荷马史诗就成了该节目的基本组成部分……柏拉图可能是古代哲学家中引用荷马次数最多的人。现存柏拉图的作品中，仅引用《伊利亚特》和《奥德赛》就有62次。"晏绍祥：《古代希腊作家笔下的荷马》，《学术研究》2005年第10期。

1 王达天：《荷马史诗与荷马时代》，《历史教学问题》1990年第4期。
2 〔英〕哈蒙德：《希腊史》（上册），朱龙华译，商务印书馆2018年版，第79—86页。
3 〔英〕基托：《希腊人》，徐卫翔、黄韬译，上海人民出版社2006年版，第54—55页。

亚历山大倾慕英雄时代，在行军途中，他始终将亚里士多德校订的《伊利亚特》带在身边。古罗马作家普鲁塔克在《亚历山大大帝传》中记述说，亚历山大指挥军队渡过海伦斯坡海峡，在特洛伊献祭，向英雄致敬。他在阿喀琉斯的墓碑上涂上膏油，献上花圈，并依据古代习俗全身赤裸绕坟墓奔跑。[1] 这种情感正是亚里士多德在亚历山大少年时代，通过阿喀琉斯的故事、《荷马史诗》以及德性的教育对其产生的强大影响。普鲁塔克这样描绘两师徒曾经的亲密关系："他自己曾提到，有段时期他对亚里士多德的敬爱不下于自己的父亲，因为父亲给他生命而亚里士多德教导他过美好的生活。"[2]

画家伦勃朗少年时代也曾在荷兰拉丁学校接受系统的古典教育。英国学者布洛克的《西方人文主义传统》介绍了当时 17 世纪拉丁学校的主要课程，包括希腊语、拉丁语、《旧约》与《新约》、古典历史材料和诗歌等等。[3] 古典教育背景引导和滋养了伦勃朗关于宗教画、历史画的创作，这些创作曾受到与伦勃朗同时代的康斯坦丁·惠更斯等文化名人的欣赏。虽然当时的肖像画有着更大的市场和收益回报，但这并没有影响伦勃朗对历史画、宗教画持续创作的热情。即使在伦勃朗晚年破产期间，他也一直收藏和阅读古代作家的作品。伦勃朗的

---

1 〔古希腊〕普鲁塔克：《普鲁塔克全集 II》，席代岳译，吉林出版集团股份有限公司 2017 年版，第 1209 页。
2 〔古希腊〕普鲁塔克：《普鲁塔克全集 II》，席代岳译，吉林出版集团股份有限公司 2017 年版，第 1202 页。
3 〔英〕布洛克：《西方人文主义传统》，董乐山译，生活·读书·新知三联书店 1997 年版，第 6 页。

书目清单中列有奥维德、荷马、普鲁塔克、塔西佗、西塞罗的名字。[1]

亚里士多德凝视着荷马，这种凝视的气氛产生了某种怀旧的东西，也让我们感受到伦勃朗深厚的古典学识和叙事才能。单看伦勃朗选的这位扮演亚里士多德的模特吧——他细腿小眼，穿华丽衣饰，戴耀眼的戒指，这正是雅典的提谟修斯（Timotheus）在其著述《人物》（Lives）中告诉我们的亚里士多德的形象。[2]

荣誉之链的寓言

在纪录片《天才伦勃朗：晚年杰作》中，英国历史学家西蒙·沙玛（Simon Schama）如此解读《亚里士多德凝视荷马》，他说伦勃朗的所有作品背后都有深意，这不单单是一件历史画，还是一则寓言。画中的古希腊三人——亚里士多德、亚历山大大帝和荷马——分别代表着思考的心灵、勇敢的双手以及诗意的本质。而构图中占据中心位置的金链，则是画家本人的投射。借助在构图中占据中心位置的金链，画家投射了他真正想要通过这件历史画讲述的思想和想要让委托人理解的作品含义。

金链的图像曾多次出现在伦勃朗的早期自画像中，它象征着皇家宫廷对艺术创作的青睐和认同，代表了艺术或艺术家的荣誉。意大

---

[1] 伦勃朗的书单参见邓园皎：《神圣人文主义——论伦勃朗作品中的人性之光》附录，中国美术学院硕士论文，2019年。

[2] 〔美〕克里斯托弗·希尔兹：《亚里士多德》，余友辉译，华夏出版社2015年版，第410页。

伦勃朗《夜巡》，创作于1642年，现藏于阿姆斯特丹国家博物馆

利画家提香、佛兰德斯画家鲁本斯都曾是金链的受赠人。而现实中，伦勃朗并未得到这样的赠予和荣誉。[1] 不仅如此，在画这幅画的时候，伦勃朗已经47岁了，这个时候他生活境况非常不好。这件作品是他此时为数不多的委托创作。画家有着戏剧般的人生。伦勃朗少年得意，生活优渥，家庭幸福，然而短短几年，丧妻丧子，事业也因一场意外陷入了声名狼藉的境况。他的晚年生活困难，死后像乞丐般下葬。

命运的突转，与伦勃朗不善理财、超额消费又任性自我的性格有着莫大的关系。这场突变发生在1642年。伦勃朗当时36岁，国民卫

---

[1]〔美〕斯维特拉娜·阿尔珀斯：《伦勃朗的企业：工作室与艺术市场》，冯白帆译，江苏凤凰美术出版社2014年版，第100页。

队委托伦勃朗画群像，当这些人接到成品后，非常不满，因为他们认为自己出了同样的钱，却被伦勃朗在画作中安排到不一的位置上。伦勃朗却坚持自己的创意和创作，让画中人物服从于主题和情景安排。但是他的坚持引发了那些在画中面目模糊的军官们的愤怒不满，以及随之而来的负面评论。[1]更多的委托人抱怨伦勃朗经常推迟交货，还有一些人因为肖像画与被画人不像而拒绝收货。[2]

此后他所坚持的画风，尤其是画面中深沉的琥珀色调，也不再能够符合当时人们的品味。虽然也有像定制《亚里士多德凝视荷马》的西西里绅士鲁福先生这样一如既往欣赏伦勃朗的朋友，然而门可罗雀的委托人带来的收入远不能弥补伦勃朗欠下的巨额债务。这些债务包括他大量购置的珠宝、古董，以及购置豪宅欠下的房贷。[3]在穷困潦倒和被忽视的境遇下，伦勃朗仍然坚定地遵循着自己对艺术的理解，

---

[1] 〔法〕埃米尔·米歇尔：《伦勃朗》（下册），曲义译，大连理工大学出版社2014年版，第18—36页。
[2] "伦勃朗的性格中有任性的一面，他经常推迟交货。他已经交付的作品常被认为是不合格的，要么因为作品和被画人不像，德·安德拉达曾为了一幅女孩的肖像向伦勃朗提起过法律诉讼，要么是因为作品的某些地方存在缺陷，那位定制了《亚里士多德》的西西里伦勃朗爱好者，退回了《亚历山大》原因是这幅作品是由几块完全不一样的帆布拼凑起来的。而且伦勃朗对其想要定制的另外6幅作品的要求置若罔闻。"〔美〕斯维特拉娜·阿尔珀斯：《伦勃朗的企业：工作室与艺术市场》，冯白帆译，江苏凤凰美术出版社2014年版，第140页。
[3] "作为一名功成名就的大师，伦勃朗比普通画家拥有更高的收入。一幅中等大小的肖像画委托的价值可能就高达500荷兰盾，同时，他每年有约2500荷兰盾的收入来自招收学徒的学费……伦勃朗的家位于阿姆斯特丹犹太宽街4号，建于1606年，伦勃朗在此居住的时间为1639—1658年，当时购买价格为13 000荷兰盾……伦勃朗和妻子过着相当奢侈的生活。这种挥霍的生活方式令他尝到了苦果。1656年，他宣告了破产，并为已订购的个人财物举办了一场拍卖会。"〔英〕索菲·柯林斯：《伦勃朗传》，顾芸培译，江西美术出版社2018年版，第23、27、30页。

不愿为贩卖作品去结交、去迎合。[1] 他一生创作了 300 多幅油画，200 多幅蚀刻画，2000 多幅素描。[2] 他晚年的创作很难卖出几个荷兰盾，而现在这些作品价值连城。2016 年索曼斯和考普特的肖像画在拍卖行的成交价格分别为 1 亿 6000 万欧元和 1 亿 7000 万美金。[3]

画中的古希腊三人通过那条悬挂在思想家胸前的金链巧妙地联系起来。双目失明的荷马在生前并没有得到像死后那般的影响力和荣誉，他四处漂泊，靠吟唱神话传说、历史事迹吸引观众以谋生。同样地，晚年的亚里士多德在亚历山大去世后，因为雅典普遍的反马其顿情绪，成为雅典人宣泄的对象。[4] 亚历山大一度将亚里士多德视为父亲，但后期由于亚历山大的误会，他们不再保持从前那样亲密和友爱的关系。普鲁塔克曾记述，亚历山大在亚洲的时候，听到亚里士多德

---

[1] "1653 年阿姆斯特丹的艺术家和作家共同组建了一个短暂的'画家兄弟会'，这种专业化是艺术家及其作品获得自由的一种手段，让他们得以从手工业行会的束缚中解放出来。伦勃朗天生就不是一个合群的人。他曾分别在 1653 年和 1654 年两次缺席由短暂的阿姆斯特丹绘画兄弟会举办的宴会。在那里，艺术家与城市中的实权派人物相谈甚欢。伦勃朗似乎对这个新的组织机构毫无兴趣，因为，它的作用之一，是让艺术家进入赞助人的社交圈。"〔美〕斯维特拉娜·阿尔珀斯：《伦勃朗的企业：工作室与艺术市场》，冯白帆译，江苏凤凰美术出版社 2014 年版，第 138 页。

[2] "（油画）鉴定的确切数字在 300—700 件之间。"〔芬〕唐克雷德·博雷纽斯：《伦勃朗》，吴啸雷译，湖南美术出版社 2017 年版，第 15 页。

[3] 〔英〕索菲·柯林斯：《伦勃朗传》，顾芸培译，江西美术出版社 2018 年版，第 79 页。

[4] 公元前 306 年，在被指控不敬的罪名后，亚里士多德被迫离开雅典，次年去世。在他死后的两个世纪里，他的思想几乎被遗忘。直到公元前 1 世纪，亚里士多德主义的哲学家——罗德岛的安德罗尼柯斯（Andronicus of Rhodes）整理和编撰亚里士多德著作，西方世界自始开启对亚里士多德著作的评论传统。〔美〕克里斯托弗·希尔兹：《亚里士多德》，余友辉译，华夏出版社 2015 年版，第 387—388 页。

出版著作的消息，非但没有为老师感到高兴，反而写信责怪亚里士多德将他教授给自己的知识公之于众。[1]

西蒙·沙玛的解读告诉我们，伦勃朗和画中人物一样，被这条存在之链联系在一起，他们共同代表了被认同和被拒绝之间的复杂关系。坚持自我，有可能并不能为世人所欣赏，而作为世俗荣誉象征的金链，可能带来荣耀，也可能带来对自由意志的束缚。伦勃朗的《亚里士多德凝视荷马》既表现了画家对古典人物因果关联和经历思想的理解，又在画中融入了自我对现实矛盾的思索。

古典的荣誉观念与启示

古典时代的人们似乎并没有感受和揭示这一矛盾：在集体贡献中实现自我的全部潜能，将获得被集体视为英雄的最高荣誉——自我实现与集体认可是一致的。如希罗多德借梭伦之口，对克洛伊索斯关于什么是幸福的回应，他列举雅典的泰洛斯英勇战死的故事，说他是人世间最幸福的人，那正是一个现实版的阿喀琉斯的故事，是荷马所宣扬的英雄史观和荣誉观念。[2]

---

[1] 信中写道："亚历山大致亚里士多德：静候祺安。你将口授的奥秘之学撰写成书以后出版，实在有欠允当。如果你所教导给我的知识全部公开，那么我对别人又怎能稳操胜券？就我的立场而论，可以在此明确相告，宁可在学问方面据有相当的优势，远较权力和统治凌驾众人之上，使我感到更大的满足。亚历山大顿首。"〔古希腊〕普鲁塔克：《普鲁塔克全集II》，席代岳译，吉林出版集团股份有限公司2017年版，第1201页。

[2] 〔古希腊〕希罗多德：《历史》（上册），王以铸译，商务印书馆1959年版，第16页。

亚里士多德将人们使用天赋的理性能力去生活并尽其所能的状态表达为"繁盛"（希腊语"eudaimonia"），又译为"幸福"。第一等的幸福，是人的认知理性即理智德性达成的幸福。比较人的政治生活、物质生活，人的理智德性在思辨活动中最为繁盛、强大，除自身之外别无目的可求，它自足并孜孜不倦，因此思辨的生活是最为高贵的，是第一等的幸福。第二等的幸福是人交往中的德性即伦理德性达成的幸福，它体现在交往、协作和其他有关情感并合乎伦理道德的行为事务中，也就是在实践理智指导下的良好的公民生活。

与古人的荣誉观念一样，作为个体的思辨生活与作为群体成员的公民生活，不是割裂、矛盾的关系，而是协调一致的。看上去，亚里士多德所说的最幸福的状态——专注地思辨，无待而有是一种孤独的状态，但亚里士多德又否认自足等同于孤独，否定孤独的意义，他说"人在本质上是政治的"[1]，应当在人群中生活。他倡导城邦由公民之间的友爱维系，使友爱促成有力的合作与行动，通过"友爱"将个体与群体协调一致。在公正论中，亚里士多德首先强调公正在于守法，即个体对城邦法律的服从："一个人不应该探求这样一些东西，而是即使选取对自己有利的东西，也要去追求那种既在总体上是善的，而又对自己有利的东西。"[2]

---

1 〔古希腊〕亚里士多德：《亚里士多德全集》，第八卷《尼各马可伦理学》，苗力田译，中国人民大学出版社1994年版，第13页。
2 〔古希腊〕亚里士多德：《亚里士多德全集》，第八卷《尼各马可伦理学》，苗力田译，中国人民大学出版社1994年版，第95页。

如果个体实现与集体认可是一种协调一致的关系,那么我们如何理解,伦勃朗或许在画中通过那条沉重的金链想要表达的荣誉之链的寓言——它是一种激励,也是一种束缚?

无论是英雄时代的荣誉观念,还是亚里士多德的伦理学说,个体实现与集体认可保持协调一致的前提建立在"自我指向"的荣誉观念之上。基于这种自我指向,得到集体认可和荣誉的前提首先在于自我实现,专注于"善"的成就,而不是有意识地以荣誉为目的。然而,当权力主体出现,以一种制度化的方式肯定和强化"荣誉"对于引领群体价值的意义,激励个体更多地追求荣誉,为迎合集体评价标准而放弃自我的现象就是不可避免的了。

《万历十五年》中,万历皇帝对邹元标之流"讪君卖直"的行为这样评价:"有些文官熟读诗书,深知万世流芳之说,宁可在御前犯不敬之罪,今日受刑,明日扬名史册……将忠臣烈士的名誉,看作一种高贵的商品。"[1] 所以,当获得荣誉成为获得利益的筹码,荣誉也就贬损为另一种利益,人在追求认可和荣誉的过程中,也就丧失了自我。这正是伦勃朗始终将自己的创作看作艺术,而不是满足艺术市场需求和委托人意愿的商品所感受到的那种矛盾。

古典时代的荣誉观念给现代荣誉制度的构建带来必要、可贵的启示。什么是真正的荣誉?它是个体自我实现的激励,它源于"自我指向",并最终获得群体的"内心认同"。规则和制度的制定者在试图

---

[1] 〔美〕黄仁宇:《万历十五年》,生活·读书·新知三联书店 2008 年版,第 83 页。

建立某种激励机制的时候需要意识到,相对于自我激励,外在的激励机制可能带来干预和操控,最终将偏离制度设置的初衷。

伦勃朗对艺术的固执和不妥协,让人联想到另一个画家高更,英国作家毛姆《月亮与六便士》中的主人公便是以他为原型塑造的。为了追求艺术,他放弃文明社会中的生活,奔赴太平洋的小岛,在穷困潦倒、麻风病、失明和不断的创作中了结一生。至善是自足,自足必然是孤独的。理智德性的繁盛是极大自主性和独立性的东西,所以致力于思辨生活的哲人和艺术家必然是离群索居和孤独的,需要和人群、现实保持距离。一致和协调总是理论的和理念的,而天才、个性与他人甚至家庭生活的矛盾和纠缠才是现实生活本身。

除了为人称道的光暗法,伦勃朗风格的另一层来自他的画作体裁。伦勃朗的画作体裁广泛,包括肖像、风景、风俗、宗教、历史等等,不过,其中最有其特征的是伦勃朗的肖像画,即自画像。据说伦勃朗曾经研究过相学。他从青年时代作自画像,一直到年老,有数百余件。从初入画坛的青春浪漫,到青年时代的志得意满,再到老年的潦倒和固执,伦勃朗真实地、忠实地记录了自己的容貌和气质的变化。如果我们从一种深邃的自省心理倾向去解读,如同《亚里士多德凝视荷马》,它们同样是伦勃朗对自我的凝视。

伦勃朗《自画像》，创作于约1628年，现藏于阿姆斯特丹国家博物馆

伦勃朗《自画像》，创作于1630年，现藏于斯德哥尔摩国家博物馆

伦勃朗《自画像》，创作于1632年，现藏于巴勒珍藏馆

伦勃朗《戴帽子和金项链的自画像》，创作于1633年，现藏于卢浮宫

伦勃朗《戴天鹅绒贝雷帽和毛皮衣领的自画像》，创作于1634年，现藏于柏林国家博物馆

伦勃朗《自画像》，创作于1652年，现藏于维也纳艺术史博物馆

伦勃朗《自画像》，创作于1658年，现藏于弗里克收藏馆

伦勃朗《自画像》，创作于1659年，现藏于华盛顿国家美术馆

伦勃朗《扮成使徒保罗的自画像》，创作于1661年，现藏于阿姆斯特丹国家博物馆

伦勃朗《扮成宙克西斯的自画像》，创作于约1662年，现藏于瓦尔拉夫-里夏茨博物馆

伦勃朗《有两个圆的自画像》，创作于约1663—1665年，现藏于肯伍德府

伦勃朗《63岁的自画像》，创作于1669年，现藏于英国国家美术馆

先哲 139

主权者

复古与美化：罗马政制的古典叙事

奴隶交易画作：观感困惑

罗马时代，在法律上，奴隶被明确规定为物。大量拥有奴隶的现象，随着罗马在公元前2世纪向地中海东部的不断扩张而出现。罗马法中因此出现了很多复杂的调整奴隶交易的制度规定。罗马法关于奴隶交易的规定特别强调交易的视觉效果。这一点体现了原始制度的形式主义的特点。罗马法这样描述这个场景——当着5名见证人和1名手执一把铜秤的司秤（libripens）的面，受让人一把抓住将被交付的标的（奴隶），另一手拿着一块铜，并且说道："我宣布：根据奎里蒂法（即罗马市民法的早期称呼），这个奴隶是我的，我用这块铜和这把秤将它买下。"然后，他以铜敲秤，并将那块铜交给转让者。[1]

19世纪中后期法国古典学院派画家杰罗姆（Jean-Leon Gerome，1824—1904）的两幅画作《奴隶市场》《奴隶拍卖》，描绘的是交易罗马奴隶的场景。画面中心的女奴是交易的对象。在罗马法中，在交

---

[1]〔英〕巴里·尼古拉斯：《罗马法概论》，黄风译，法律出版社2004年版，第65—66页。

易的过程中，奴隶不是人而是物，是法律客体。人的物化是对人的贬低，当众被拍卖、被交易、被作为客体，是人极大的不幸。但是，这两幅画作呈现出来的观感让人非常迷惑。因为画家把女奴画得身姿优美，并略带羞涩，围观人群的姿态、表情栩栩如生，在一众男性的目光中，她不仅是被交易的物，而且还是男性眼中被观赏、被想象的作为女性的物。

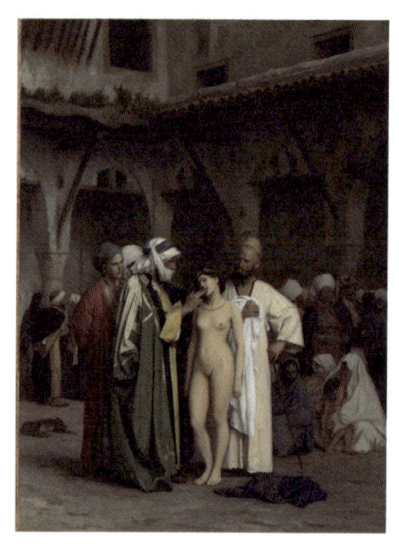

杰罗姆《奴隶市场》，创作于1866年，现藏于克拉克艺术博物馆

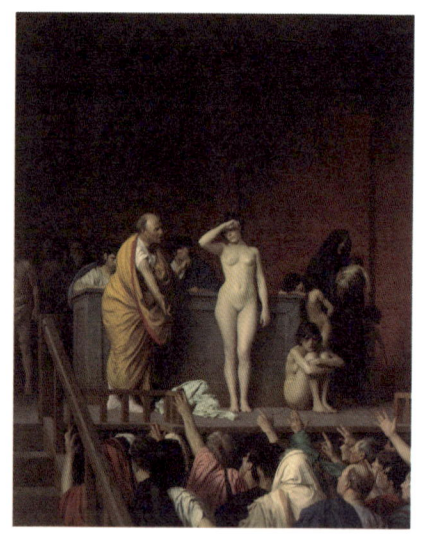

杰罗姆《奴隶拍卖》，创作于1884年，现藏于艾尔米塔什博物馆

明确反对奴隶制度，谴责奴隶交易，并通过绘画作品反映废奴思想，可以追溯到启蒙时期。16世纪起，非洲和美洲之间的奴隶交易大为增加。基督教徒和理性主义者强烈反对，并在18世纪末成立了主张废除奴隶制度的组织——英国奴隶交易废除推动协会。图中像

章就是当时成立的组织的标志。一个镣铐加身的黑人跪地恳求，上面有一行引言："难道我不也是人以及同胞吗？"图像中的黑人温顺卑屈，画面通过描绘弱者来唤起同情。威廉·布莱克于1792年创作的《被吊起的黑人》表现

威基伍德瓷质小圆章中的图像《难道我不也是人以及同胞吗？》，创作于1787年，现藏于威基伍德博物馆

威廉·布莱克《被吊起的黑人》，创作于1792年，约翰·斯特德《远征苏里南反叛黑奴五年纪实》（1796）书中插画

了同样的题材，不同的是，该画表现了忍受肉体痛苦的黑人，眼神透露出强烈的不屈和自我意识。

于根达、毕亚德等创作的有关奴隶船的画作，描绘了交易途中船舱里非洲人遭受的残忍处置，以及绝望、阴郁、恶臭的环境。在毕亚德的画作中，交易过程中除了奴隶之外，甚至贩卖者本人也是非洲人。透纳的《奴隶船》描绘的是一个发生在1783年的真实事件。一艘贩奴船的船长发现，保险公司只赔偿在海上失踪的奴隶，而不是死去的奴隶，因此下令把生病的和奄奄一息的奴隶全部扔下海。画面中，咆哮的、血红色的大海以及裹挟着奴隶尸体的巨浪扑面而来，而运奴船则驶向远方。

与这些体现"惨"或者"抗争"的观感相比，杰罗姆奴隶交易画中的"美"让人疑惑。对罗马历史的美化，并不独体现在杰罗姆的画作中。事实上，表现古罗马的历史和古罗马人光荣事迹的题材持续地

主权者　145

透纳《奴隶船》,创作于1840年,现藏于波士顿美术馆

出现在17世纪40年代一直到19世纪杰罗姆时代的学院派古典美术作品中。19世纪学院派美术的主要创作仍然最为推崇历史画,并且延续了古典绘画形式完美、内容高雅的艺术品格。[1]

古典美术作品中的古罗马

所谓古典,有三重含义:第一,它表达了"最高成就"的意思;第二,它特指古希腊罗马以及文艺复兴效仿古希腊罗马的时间阶段;第三,它表明了古代艺术和文艺复兴所共有的平衡和克制的风格特

---

[1] 17世纪,美术学院对绘画题材进行分类打分,历史画最高,静物最低,肖像居中。〔美〕H. W. 詹森、J. E. 戴维斯等:《詹森艺术史》,艺术史组合翻译实验小组译,湖南美术出版社2017年版,第742页。

质。[1]而表现古典题材、学习古典风格成为学院派的标志。学院派美术的起源可以追溯到1580年由卡拉契三兄弟在意大利罗马周边建立的波伦亚美术学院。自成立伊始，学院派的学习内容即效法传统，模仿典范。[2] 1648年，巴黎皇家绘画雕塑学院成立，在制定法兰西皇家学院的课程时，当时尚在罗马学习的普桑（Nicolas Poussin，1594—1665）的古典主义风格成为法国艺术家模仿的对象。根据普桑的美术理念，绘画的目的在于表达严肃、庄重、崇高的感情，历史题材的绘画高于肖像画和风景画。

普桑的历史画《罗马将军之死》源于塔西佗讲述的罗马将军日耳曼尼库斯被叙利亚行省总督披索毒害致死的故事。临终前，日耳曼尼库斯在病榻上告诉他的朋友们："朋友们的首要义务并不在于跟在死者的身后消极地哀悼，而是要记住他的愿望和执行他的命令……为我报仇。"[3]画面中，弥留之际的日耳曼尼库斯位于图像的中心，他的家眷和孩子们陷于悲痛，而他忠诚的处于激愤情绪的士兵们正宣誓复仇。普桑的另一画作《劫掠萨宾妇女》源于李维和普鲁塔克的记述，征服者罗马人绑架萨宾年轻妇女为妻，是为了使罗马兴旺发达，使被征服人民与它联合一致。画面描绘了已为妻为母的

---

1 〔美〕H. W. 詹森、J. E. 戴维斯等：《詹森艺术史》，艺术史组合翻译实验小组译，湖南美术出版社2017年版，第735页。
2 三兄弟为阿尼拔·卡拉契、阿格斯提诺·卡拉契和鲁多维科·卡拉契，参见〔美〕修·昂纳、约翰·弗莱明：《世界艺术史》，吴介祯等译，北京美术摄影出版社2014年版，第569页。
3 〔古希腊〕塔西佗：《编年史》（上册），王以铸、崔妙因译，商务印书馆1981年版，第135页。

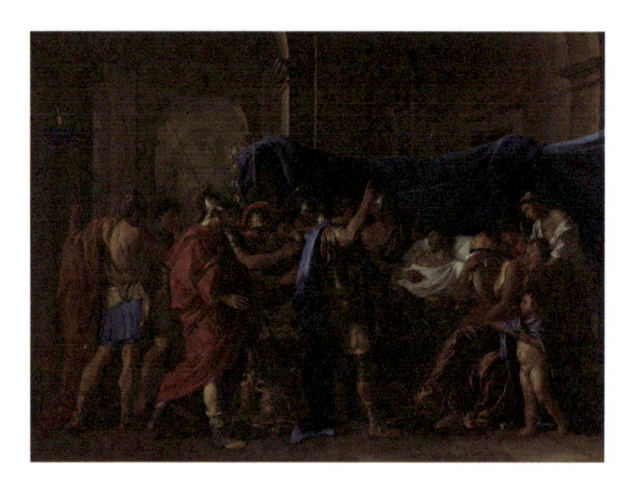

普桑《罗马将军之死》，创作于1627—1628年，现藏于明尼阿波利斯艺术学院

普桑《劫掠萨宾妇女》，创作于1636—1637年，现藏于大都会艺术博物馆

萨宾妇女竭力制止双方亲人争战杀戮的场景。身穿红袍的罗马统治者罗慕路斯站在左侧神庙门廊的高处，沉静地俯视着暴力、痛苦和

骚乱的人群，仿佛一切都在他的预期和掌控之中，短暂的无序是为了确保古罗马未来的爱国行为。正如普鲁塔克所说："罗马人并不是因为淫乱才干了这桩抢劫，甚至也不是出于恶作剧的念头，相反倒是怀着一个坚定不移的目的，即想使两个部族的人以最有力的结合团结起来，融合在一起。"[1]

18世纪中叶以后，到罗马观光游学，以及不断考古发掘收获的器物和雕像，激发了这一时期复古的热潮。[2] 与此同时，革命背景赋予古典主义新的内容。新古典美术作品借用古典历史题材以表达与启蒙类似的道德观念。女画家安吉莉卡·考夫曼（Angelica Kauffmann, 1741—1807）《科内莉亚将她的孩子视为珍宝》源于公元前2世纪古罗马的历史故事。画中这位年轻的母亲正向客人骄傲地介绍自己的孩子，这些孩子中的提比略

安吉莉卡·考夫曼《科内莉亚将她的孩子视为珍宝》，创作于1785年，现藏于弗吉尼亚美术馆

---

1 〔古希腊〕普鲁塔克：《希腊罗马名人传》（上册），陆永庭、吴彭鹏译，商务印书馆1990年版，第55页。
2 "18世纪的罗马是世界艺术的中心，几乎每个立志成为画家、雕塑家或建筑师的人都希望去那里学习，可以直接观摩古代艺术品以及文艺复兴、巴洛克时期的艺术珍宝……来罗马的并不只有艺术家，因为不来意大利做一次游学，绅士教育就不能算完整……从那不勒斯出发，可以到赫库拉尼厄姆和庞贝，这是两座保存完好的古罗马城市。对它们的发掘分别始于1738年和1748年……"〔美〕H. W. 詹森、J. E. 戴维斯等：《詹森艺术史》，艺术史组合翻译实验小组译，湖南美术出版社2017年版，第791页；〔美〕弗雷德·S. 克雷纳、克里斯汀·J. 马米亚编著：《加德纳艺术通史》，李建群等译，湖南美术出版社2013年版，第655页。

和盖乌斯,长大后都成为罗马重要的政治人物。根据普鲁塔克的记述,科内莉亚在罗马民众中威望很高,他们对她极度尊敬,为她树立了一尊铜像,以推崇这位寡居的并养育了优秀子女的母亲。[1]

达维德创作的《贺拉斯兄弟之誓》《侍从奉还布鲁图斯其子的尸体》是这一时期新古典主义美术的代表画作。《贺拉斯兄弟之誓》讲述了罗马与阿尔巴战争期间,各方选派三名勇士比剑决斗的故事。1782年,高乃依的戏剧《贺拉斯》将这个古罗马的故事搬上法兰西戏剧院的舞台。[2]决一死战的勇士们都曾与对方的姐姐或妹妹结为姻亲,他们过去是亲友,而现在是仇敌。决斗后,只有贺拉斯兄弟中的一人活着回家。当他看见自己的姐姐因情夫的死而伤痛时,极为愤怒,认为不该为敌人落泪,并将其杀死。那幸存的罗马人这样对她姐姐说:"离开这里,带着不合时宜的爱去你未婚夫那儿吧!你忘记了你死去的和活着的兄弟,忘记了你的祖国。任何哀悼敌人的罗马妇女都应这样死去。"[3] 画面表现了三兄弟在决斗前宣誓战斗的场景,以及正抱在一起悲痛欲绝的姊妹们。和贺拉斯大义灭亲的故事一样,罗马共和国执政官布鲁图斯亲手处死了参与谋反的亲生儿子。画面中,已被处死的儿子的尸体被抬回家,布鲁图斯陷于阴影中,画面另一侧是

---

[1] 〔古希腊〕普鲁塔克:《普鲁塔克全集Ⅲ》,席代岳译,吉林出版集团股份有限公司2017年版,第1493页。

[2] 杨冰莹:《文学下的反叛:从高乃依的〈贺拉斯〉到达维特的〈贺拉斯兄弟的宣誓〉》,南京艺术学院美术学院会议论文集《美术学研究》第3辑。

[3] 〔古罗马〕李维:《建城以来史》(前言·卷一),穆启乐等译,上海人民出版社2005年版,第77页。

他悲伤的妻子和女儿。

爱国主义、英雄主义、公民道德以及斯巴达式的坚强和质朴，在 18 世纪历史巨变期间成为理想政治的典范，因为与时代的共振而具有极强的感召力，然而随着时代的变迁，这样的历史故事和道德说教不再是进步的语言，不再能够迎合 19 世纪的口味。这也正是为什么 19 世纪杰罗姆的绘画虽然遵循了学院派的理念，美则美矣，但却因为这些绘画题材与画家本人的情感、信念已经发生脱节，显得肤浅且矫饰。

对于古典学院派来说，纯粹的写实并不一定就是艺术。这种理念是对柏拉图的"艺术即模仿"的修正，更确切地说，它来源于亚里士多德对悲剧艺术的评价，艺术作品应当具有美感和提升精神力量的意义。艺术作品不直接呈现真实，也不尽然追求逼真，它应当通过实物呈现美的形式和理念。[1] 正如杰罗姆在《法庭上的芙里尼》中所表达的，美是属神的，是至上的：被指控"不敬神"的希腊美女芙里尼在法庭上展示身体，法官们感到震惊（而非诱惑），认为她的美丽受神

---

[1] "文艺复兴时期艺术理论的奠基者是里昂·巴提斯塔·阿尔伯蒂（Leon Battista Alberti）。他在 1435 年写的《论绘画》（*De pictura*）中指出，绘画的目标是再现物体，但是画家必须将所见的按照从任何美丽的身体值得颂扬的部分一样，予以理想化或添加美感……1664 年，古物研究家暨历史学者乔凡尼·皮耶特罗·贝洛里（Giovanni Pietro Bellori）在圣路加学院发表了一场演说。他虽不是艺术家，但与普桑交往甚密，普桑很可能给过他意见。在这场名为'画家、雕刻家和建筑师的理念'的演说中，贝洛里详述了改良的柏拉图主义版本，将它从形而上学的范畴转换至实际的领域，并将理念深植于艺术家的心智或想象中。"〔美〕修·昂纳、约翰·弗莱明：《世界艺术史》，吴介祯等译，北京美术摄影出版社 2014 年版，第 570 页。

的眷顾，在审判对她本不利的情况下，判她无罪。[1] 希腊神话、罗马历史为古典学院派传统创作题材。杰罗姆通过人物细节刻画和色彩调和，使作品具有相当的精致美感。然而，当作品仅以精致的美感为目的呈现历史，画家想要传达的想法就显得有些平乏、虚弱、空洞、片面，甚至可疑。

《大拇指向下》的画面中，角斗士身穿金色的盔甲，手持利刃，将战败者踩在脚下，向观众示意，观众们纷纷拇指向下，要求杀死战败者。杰罗姆用细致的笔法特写数以百计的观众的激动的面部表情，展现那一时刻热烈的、残忍的、疯狂的情绪。而画家本人对这一切显然并无同情。

杰罗姆《法庭上的芙里尼》，创作于1861年，现藏于汉堡艺术馆

杰罗姆《大拇指向下》，创作于1872年，现藏于菲尼克斯艺术博物馆

---

1 在若干现存的古典文献中，有两篇以妓女的口吻写就的书信集与对话录。古希腊诡辩学家阿尔奇弗龙（Alciphron）著有《给高等妓女的书信集》(*Letters of the Courtesans*)，包括妓女与客人、妓女之间的往来信件共20篇。其中几篇书信涉及高等妓女芙里尼（Phryne）的旧情人指控她渎神，希佩里德斯（Hyperides）为她成功辩护的案件。转引自贾雪晗：《古典时期雅典城邦对娼妓群体的规训研究》，上海师范大学硕士论文，2019年。

美化历史：古罗马人的自我讲述

　　古典学院派描绘的被美化的罗马历史，承袭了古罗马人自我讲述的视角。在古罗马诗人维吉尔的《埃涅阿斯纪》中，罗马人的始祖、特洛伊小王子埃涅阿斯遭希腊人攻城战败后向西逃离，穿越地中海、迦太基，来到古意大利，击败当时的国王图尔努斯，建立阿尔巴王国。途中，他向预言家西比尔请教自己的命运和未来，在父亲阴魂的指引下，他看到了他的子孙建立罗马，由氏族部落逐步扩展到征服意大利，布涅战争，兼并地中海东部，以及那些叱咤风云的掌权者：庞培、尤里乌斯·恺撒、奥古斯都。最后，埃涅阿斯的父亲安奇塞斯告诉他，成就罗马的是强权和武力："其他民族会更柔软地用青铜塑造活生生的人物，我毫不怀疑，会用大理石雕塑更栩栩如生的形象；会更为雄辩地争论，用指针准确追踪天空的轨道，并精确地预报星辰升起。罗马人，记住用力量去统治，大地上的人们——你们的艺术就是：征服，实行法治，宽恕被征服者，消灭骄傲者。"[1]

　　正如《埃涅阿斯纪》开篇所写："我要讲述的是战争和一个人的故事。这个人被命运驱赶，离开特洛亚的海岸，来到了意大利……

---

[1]〔古罗马〕维吉尔：《埃涅阿斯纪》，杨周瀚译，上海人民出版社 2016 年版，第 216 页。

李维《建城以来史》书影

普鲁塔克《希腊罗马名人传》书影

他还必须经受战争的痛苦，才能建立城邦……"[1]战争以及帝王的历史构成了古罗马人记述自我的核心主题，贯穿于李维《建城以来史》，普鲁塔克《希腊罗马名人传》，塔西佗《编年史》，苏维托尼乌斯《罗马十二帝王传》，阿庇安《罗马史》，以及恺撒本人的著述《高卢战记》《内战记》，等等。战争、政治和权力，不再是希腊思想家的智识探索、学术性的活动，而是真实的创造和改变社会格局的力量。

而罗马的公共建筑、城市建筑另以一种无声的方式，讲述并展示战争、政治和权力。在罗马人的发源地台伯河沿岸，考古发现了两种骨灰盒，女人的骨灰盒是棚屋的形状，男人的骨灰盒是头盔的形状，意味着女人的最终归宿是家庭，而男人则是杀场。[2]罗马最早的城墙建造于公元前4世纪高卢部落劫掠罗马城之后，体现了易受攻击状态下自我保护的心态；而到了公元3世纪晚期，奥勒良皇帝统治时期，强势扩张结束，奥勒良城墙的建立则体现了维持现有疆域的心态。圆形大剧场（角斗场）作为罗马的代表性建筑，满足了城市居民在和平状态下对暴力、战斗、胜利和死亡的渴望心理。提图斯凯旋门、图拉真记功柱更以图画的方式、以胜利者的姿态记录战争场面和历史。

在罗马人眼中，必须赢得一场重要的对外战争，才有资格当皇帝，

---

1 〔古罗马〕维吉尔：《埃涅阿斯纪》，杨周翰译，上海人民出版社2016年版，第39页。
2 〔美〕E. E. Kleiner：《罗马建筑》，耶鲁大学公开课，第二集"罗马建国和意大利城市的起源"。

尤里乌斯·恺撒、奥古斯都、维斯帕芗、提图斯、图拉真、哈德良莫不如此。罗马人崇尚武力，却始终对专制权力保持警惕和反感。伟大的帝王更关心公共建筑——广场、市场、法庭、庙宇、浴场；而被认为是僭主、暴君的人更倾心私人住宅。参考亚历山大城，恺撒回到罗马后兴建尤利乌斯广场、维纳斯神庙、罗马图书馆、高速公路和运河；而被元老院施行除忆诅咒的尼禄，在罗马大火后没有为人民重建家园，反而征用市中心最好的建筑为自己建造金殿。

思想家笔下的罗马：强大与脆弱

从文艺复兴到启蒙时代，艺术家、思想家们对古罗马的倾慕在很大程度上同杰罗姆游历罗马的经历一样，源于古罗马诗歌、历史和建筑遗迹的激发。当拉斐尔进入尼禄金殿地下室，惊讶地观看法布鲁斯留下的一幅幅壁画的痕迹时，忍不住信手涂鸦，并将其风格带入后来的创作。

被驱逐的马基雅维利在完成了一天的农夫生活后，这样写道："黄昏时分，我就回家，回到我的书斋。在房门口，我脱下了沾满尘土的白色工作服，换上朝服，整顿威仪，进入古人所在的往昔的宫廷……在四个小时里，我毫不感到疲倦，我忘记了一切烦恼，我不怕穷，也不怕死，我完全被古人迷住了。"[1]

---

[1] 〔意〕马基雅维里：《君主论》，潘汉典译，商务印书馆1985年版，译者序，第XII页。

孟德斯鸠在《罗马盛衰原因论》第一章"罗马的起源——它的战争"中写道:"从罗马的建筑物上面,立刻就能看出它的伟大来。这些营造物不仅在过去,就是在今天,依然也能使人对于它的强大产生一种最为崇高的念头,他们都是在国王执政的时期修建的。"[1]

当爱德华·吉本在卡皮托利山岗废墟中,聆听赤足的托钵僧人在朱庇特神庙歌唱晚祷词时,萌发了撰写这个城市衰亡历史的念头,他在书中感慨说:"我踏上罗马广场的废墟,走过每一块值得怀念的——罗慕洛站立过的,西塞罗演讲过的,恺撒倒下去的地方,这些景象顷刻都来到眼前……"[2]

思想家们将罗马的强大与其政治结构关联。意大利思想家马基雅维利盛赞罗马共和国的政治结构,在他看来,罗马共和国的政制是最为理想的政治形态,平民与元老院的分裂促使罗马共和国自由又强大,护民官的设立使共和制趋于完美,控诉制维系了共和国的自由。同样,孟德斯鸠将罗马的繁盛归结为罗马的制度和领袖:"它的国王都是伟大的人物……共和国的首脑们缔造了共和国的制度,而后来则是共和国的制度造成了共和国的首脑。"[3]

罗马政制与罗马强盛的因果关联并非文艺复兴思想家们的原创。亚里士多德最早区分政体类型,在正态政体中区分君主制、贵族制和

---

[1]〔法〕孟德斯鸠:《罗马盛衰原因论》,婉玲译,商务印书馆1962年版,第1页。
[2]〔英〕爱德华·吉本:《我的一生》(1793年自传),转引自席代岳:《全译〈罗马帝国衰亡史〉导读》,浙江大学出版社2018年版,第10页。
[3]〔法〕孟德斯鸠:《罗马盛衰原因论》,婉玲译,商务印书馆1962年版,第2页。

平民制，认为混合政体是理想的政制类型。王政时代结束后，罗马进入共和国时期，君主的权力由两位执政官共同享有，每年选举一次，代表贵族权力的元老院由曾经担任高级行政长官的人组成，作为咨议机构；共和国后期，又设立维护平民利益的护民官一职。[1] 希腊人波里比阿以此分析认为，罗马政制是混合政体的典范，是其强大的根本原因。[2] 从西塞罗对百人队大会制表决方式的赞许中，可以看到混合政体在具体事务中的实践：这种投票方式既允许所有人都参与投票，又把权力保存在第一等公民即贵族手中。[3]

无论是共和国还是帝国，权力结构及其运行均依托于军事力量。如孟德斯鸠说："罗马人注定了和战争结下不解之缘。他们把它看成唯一的艺术。"[4] 罗马建立在战争和扩张之上，在这样一个没有商业、没有工业的城市，罗马的富强是靠劫掠获得的。但是，当权力建立在军事强权之上时，法律对权力的约制非常脆弱，比如，法律对执政官的任期虽有限制，但是这些规范总能因为发动战争的理由而被变通、破坏，因此罗马的政治体制总是不稳固的。

而法律确立的执政官之间的制约关系，也常常因为执政官的个人利益和私人关系而变化莫测。在外征战的恺撒为了拉拢在国内坐镇的

---

[1]〔英〕巴里·尼古拉斯：《罗马法概论》，黄风译，法律出版社2004年版，第5—8页。
[2]〔古希腊〕波里比阿：《罗马帝国的崛起》，翁嘉声译，社会科学文献出版社2013年版，第403—410页。
[3]〔古罗马〕西塞罗：《国家篇 法律篇》，沈叔平、苏力译，商务印书馆1999年版，第75页。
[4]〔法〕孟德斯鸠：《罗马盛衰原因论》，婉玲译，商务印书馆1962年版，第8页。

庞培，将自己的亲生女儿嫁给他，但两者的关系在恺撒的女儿难产去世后逐渐疏离、瓦解，变成敌人。马克·安东尼和屋大维的联盟，以及君士坦丁创立的四帝共治，都因为帝国财富和军事资源的变化、重组而分崩离析。吉本所分析的罗马帝国衰亡的其中两个原因——近卫军的暴乱、皇帝与元老院的权力之争——实际上都源于建立在战争基础上的罗马政制权力本身的不稳定。

建立共和政体以及自愿弃权者昆克提乌斯·辛辛那图斯的道德榜样，并没有真正消除对权力的欲望和遏制权力。以革除集权专制之名刺杀恺撒的布鲁斯和卡修斯，想要获得的并不是正义，而是权力。罗马政制所意图实现的对权力的约制，在根本上是利益集团之间的相互制约，享有权力的人与人的制约，以及最高权力者的自我制约。而这些制约都极不稳定，特别是最高权力者的自我制约。以颁布《国法大全》著称的皇帝查士丁尼，为了和他心仪的女演员狄奥多拉结婚，也能够随心所欲地修改法律。[1]

共和制的执政官制度激励着那些渴望战争、野心勃勃的人，在达到富裕的顶峰之后，他们便堕落为腐，如孟德斯鸠所说："每个国王在他的一生里都有野心勃勃的时期，但在这之后就会是纵情于

---

[1] 罗马法明文规定，只要是奴隶出身或从事戏剧行业的女性，都禁止与元老院的议员结婚。查士丁尼以皇帝的命令颁布一项法令，废除古代苛刻的规定，使得在剧院卖身的不幸妇女只要经过光荣的悔改（这是诏书用语），就允许她们与门第最高的罗马人缔结合法的婚约。有了这样的恩典，查士丁尼和狄奥多拉就举行了隆重的婚礼。〔英〕爱德华·吉本：《罗马帝国衰亡史7》，席代岳译，浙江大学出版社2018年版，第54页。

其他享乐","罗马的法律后来已无力统治共和国","不应该责怪某些个别人物的野心,应该责怪的是人;他越是有权力,就越是拼命想要取得权力,正是因为他已经有了许多,所以要求占有一切"。[1]亦如吉本所说:"只依赖个人品格,人民的幸福无法永葆。用来维护大众利益的绝对权力,一旦被放纵任性的幼帝或猜忌严酷的暴君滥用,必然带来破坏性的后果,立刻就会大祸临头。指望元老院和法律来约束皇帝固然理想,但只能彰显皇帝的德性,无法改正皇帝的恶习。军事力量是盲从和不可抗拒的压迫工具。"[2]

即使是在共和国的名义下,罗马也始终是一个强权者的国家、贵族的国家、富人的国家。建立在军事强权基础上的罗马政制的动荡,根源于经法律所确定的财富的不平等。马基雅维利将罗马毁灭的原因首先归结为土地法始终没有解决贵族与平民的土地纠纷,他谴责有钱人的野心:"罗马贵族总是不必经过太大的抗争就把荣誉让给平民,可是一说到财物,他们立场之强硬无以复加,平民为了达到目的只好诉诸非常手段。"[3]同样,吉本指出:"扰乱社会内部安宁的罪恶行径绝大多数是由有关财产问题和不平等的法律造成的,它通过只容许少数人占有许多人渴望得到的东西,戏弄着人的欲望。在我们的种种欲望和贪欲中,对权力的追求却是最为专横和最不得人心的。因为一个人

---

1 〔法〕孟德斯鸠:《罗马盛衰原因论》,婉玲译,商务印书馆1962年版,第4、51、61页。
2 〔英〕爱德华·吉本:《罗马帝国衰亡史1》,席代岳译,浙江大学出版社2018年版,第93页。
3 〔意〕马基雅维里:《论李维罗马史》,吕健忠译,商务印书馆2013年版,第113页。

的威风必须建立在许多人的屈服之上。"[1]

罗马的剧院、竞技场、浴场确实可以向所有的罗马公民开放，他们只需要花费很小，就可以享受。[2] 然而，并不是所有的罗马人都愿意生活在吉本所说的从图密善去世到康茂德继位的那段被认为是人类最为幸福、繁荣的时代，尤其是那时被残酷迫害的基督徒、家庭奴隶，以及被压榨的广大农民。权力通过诗歌、史书和建筑留下了它的痕迹，但是这些最大多数的弱者的沉默，并不意味着他们认可这种权力建立的方式和运作的方式，而是因为他们还没有足够强烈的意识和力量进行反抗。

复古以喻今的古典时代

马基雅维利（Niccolò Machiavelli，1469—1527）

马基雅维利生于一个复古的时代。马基雅维利的复古是以古喻今的，他以一种完全不同的美化的视角，解读古罗马历史学家李维关于罗马史中记述的罗马的强权、英雄、混乱、不平等，从中发现了"自由"的元素：最杰出的史书昭示于我们的，乃是古代的王国与共和国、国王与将帅、公民与立法者以

---

1 〔英〕爱德华·吉本：《罗马帝国衰亡史》（上册），黄宜思、黄雨石译，商务印书馆1996年版，第87页。
2 〔英〕爱德华·吉本：《罗马帝国衰亡史2》，席代岳译，浙江大学出版社2018年版，第77页。

及为自己的祖国而劳作者取得的丰功伟绩。[1]

他称赞建立在军事力量之上的罗马政权，肯定所有的权力都需要武力，认为是罗马人的好战、善战造就了罗马人的勇猛和荣誉感，主张用勇猛的力量而非温和的力量——哪怕像罗慕路斯杀死他的弟弟那样，创立国家；他称赞罗马的混乱有保障自由之功，对自由有利的一切法律都源自共和国相互冲突的成分，国家的凝聚力在于"敌意"而不是亚里士多德所说的友善；他总结认为，是财富不平等造成贵族和平民的冲突，并从中领悟到平民力量应当在共和国中的分量，倡导君主应当将权力建立在人民的意图而不是贵族的利益之上。因为人民的目的和意图比强势者更为合理，君主要懂得控制贵族的野心，防止人民的自由被控制和压迫。

然而，根据德国历史学家蒙森的科学研究，绝对父权制度下的罗马远没有古希腊人所享有的那种自由。对于希腊人来说，"他们为个人而牺牲全体，为一个城镇而牺牲一个国家，为一个市民而牺牲一座城镇，其人生理想是善美生活，只耽于舒适的怠惰，其政治发展加深各区原有的地方独立性，后来甚至闹到地方政权的内部瓦解；其宗教观起始使神具有人性，然后又否认神的存在；它

蒙森（Theodor Mommsen，1817—1903）

---

[1]〔意〕马基雅维里：《论李维罗马史》，吕健忠译，商务印书馆2013年版，第6页。

蒙森《罗马史》书影

允许青少年赤身裸体地运动，自由舒展四肢，使最壮丽和最可怕的思想自由发挥"；而罗马人，"他们严令其子敬畏父亲，公民敬畏君主，让他们都敬畏神祇，除了有效益的行为外，无所要求，什么也不尊重，强迫每一个公民在短暂的一生中无休止地劳动，片刻也不休息，穿衣蔽体以遮羞，已成为男童应尽的义务，谁要是与众不同，便视为不是良民，国家至高无上，扩张国土乃是唯一不受轻蔑嘲笑的崇高理想"。[1]

马基雅维利对罗马的推崇并非简单的复古，而在于借罗马共和国的制度阐述自己的政治理想。18世纪法国专制时代的孟德斯鸠基于罗马的历史阐发权力的本性、法律约束权力的意义、权力制衡的设想；18世纪英国宗教自由气氛中成长起来的吉本基于基督教教义和教会思考罗马帝国的衰落；卢梭参考罗马人民公会、保民官制度、独裁制、监察制论述人民主权与公意的实现；[2] 汉密尔顿以森都里亚大会和特里布斯大会的共存，论证州与国会立法机构并存的合理性，莫不与其时代立场相关。[3] 同样，与马基雅维利所解读的自由相对的，是马基雅维利对中世漫长宗教控制的控诉，他认为它造成了意大利的长久分裂和人民的软弱，并呼吁佛罗伦萨人民武装反抗意大利外在侵

---

[1] 〔德〕蒙森：《罗马史》，李稼年译，商务印书馆1994年版，第22页。
[2] 〔法〕卢梭：《社会契约论》，何兆武译，商务印书馆2003年版，第141页。
[3] 〔英〕安德鲁·林托特：《罗马共和国政制》，晏绍祥译，商务印书馆2016年版，第363—366页。

略，像古罗马人那样勇猛地争取自由。

马基雅维利从罗马政治中领悟的罗马人的自由，不同于蒙森所说的希腊人的个人的自由，而是摆脱了贵族强权的平民的、群体的、集体的自由。马基雅维利对罗马的推崇更多是源自困于长久分裂和思想钳制的国民对强国的崇敬，即便它是一个靠掳掠外邦和压榨奴隶、农民而生存的国家。

> 教会无论过去还是现在，总让这个地域保持四分五裂的状态。确实，一个地方若不能像法国和西班牙那样，有一个共和国或一个君主来统辖，它的统一或幸福便无从谈起。意大利没有这样的境遇，缺少一个共和国或君主来统治它，教会是唯一的原因。它栖身一个世俗帝国，并且控制着这个帝国，它的势力和德行却不足以降服意大利的专制统治，使自己成为它的君主。
>
> 除了现世荣耀等身者，例如军队的将帅和共和国的君主，古代的信仰从来不美化其他人。我们的信仰所推崇的，却是卑恭好思之徒，而不是实干家，它把谦卑矜持、沉思冥想之人视为圣贤，古代信仰则极力推崇威猛的勇气与体魄，以及能够使人强大的一切。如果我们的信仰要求你从自身获取力量，它是想让你具备更大的能力忍辱负重，而不是要你去做什么大事。这种生活方式让世界变得羸弱不堪，使其成为恶棍的盘中餐……[1]

---

[1]〔意〕马基雅维里：《论李维罗马史》，吕健忠译，商务印书馆2013年版，第53、188页。

《罗马共和国政制》书影

根据安德鲁·林托特在《罗马共和国政制》中的总结，对罗马历史的科学研究一直要追溯到19世纪中期德国的尼布尔、蒙森等人的研究。被称为古典的，无论是艺术、思想还是历史，无不带有一层理想色彩。这样我们就可以理解，即便是生活在19世纪中期的古典学院派画家杰罗姆，其在描绘古罗马时的那种崇敬感与三个世纪之前的马基雅维利面对罗马历史的郑重感，仍然是相同的。

前法治时代的主权者的形象

古代君主及其非凡人格的艺术构想

根据考古发现，专以描绘人类首领的艺术图像出现在公元前3000年左右。此后，我们在不同时代、不同地域、不同的艺术图像中，发现了非常惊人的一致的构思。其中一个反复出现的主题是记录首领胜利的时刻。

《纳美尔石板》记录了公元前3200年古埃及国王的形象。我们会一眼在图像中发现他，图中纳美尔的身材是其他人的两倍以上。纳美

《纳美尔石板》，埃及希拉孔波利斯，前王朝时期，约公元前3000—前2920年，石片，高约63.5厘米，现藏于埃及博物馆

尔头戴高高的冠冕，左手抓着匍匐在地上的俘虏的头发，右手高举长杖，正在重重地锤打。他的腿部有肌肉线条，而其他人并没有。为了表达此刻的正义，在他的前方刻有神鸟和神兽。石板另一面同样刻有象、牛、颈项交缠的怪兽的图案，象征威严、力量和神秘感。动物图像的上方，纳美尔头戴蛇形冠冕，扛着手杖，正在视察处决俘虏，他的身形仍然是所有人中最为高大的。

在1000年之后的《纳拉姆辛石碑》上可以发现相似的构图。这一时期，也就是公元前2300—前2200年，阿卡德人控制了美索不达米亚和埃及之间的城市，并且继续向西扩张。战争和军事征服强化和提升了领袖、征服者、统治者的地位，塑造了阿卡德人效忠于一个具体的人、效忠国王的王权观念。《纳拉姆辛石碑》便以纪实的手法，记录了阿卡德王军事征服的情形。在图像中，和纳美尔一样，身形最为高大并位列所有人之上的是当时的阿卡德王纳拉姆辛，他头戴象征特殊权柄的角状饰物，手持武器，他的脚下是追随他一边攀爬一边冲杀的士兵，沿着他挥舞的手臂右侧、前方，是纷纷求饶或跌落山谷的敌人。天空中同样饰有象征神圣的花纹。

《纳拉姆辛石碑》，伊朗苏萨出土，公元前2300—前2200年，粉色砂岩，高约200厘米，现藏于卢浮宫

除了人对人的征服，在一些艺术图像中，为了突出国王的英勇，也会出现人与猛兽搏击并取得胜利的画面。《亚述巴尼拔猎狮》浮雕以国王猎杀野兽的方式展现主权者的权势和力量。凶猛的狮子跃向国王奔驰的马车，国王转身拉弓近距离射向狮子，另一只被射中的狮子已经摔倒在马蹄之下。

《亚述巴尼拔猎狮》，亚述巴尼拔北宫浮雕，伊拉克尼尼微（今库云吉克），公元前645—前640年，石膏，高约162厘米，现藏于大英博物馆

第二个相似的构思是对统治者相貌和体态的美化。根据《加德纳艺术通史》的记述，基本上所有的法老像都不是法老的真实模样，并且创作者的意图也并不是要记录个人容貌或身形特点。拥有神圣权威的主权者，应该是一个拥有无瑕的身体和完美形象的人。

《哈夫拉雕像》中，国王坐得笔直，一手握拳显示力量，一手打开显示仁慈，他的脸上没有皱纹，永不衰老，外形健壮。并且雕塑家以直线条限制了所有的动感，由此消除了时间观念，给人以永恒的感觉。

我们在观看《阿卡德国王青铜头像》

《哈夫拉雕像》，埃及吉萨出土，第四王朝，约公元前2520—前2494年，闪长岩，高约167厘米，现藏于埃及博物馆

主权者　167

《阿卡德国王青铜头像》，伊拉克尼尼微（今库云吉克）出土，约公元前2300—前2200年，铜，高36.5厘米，现藏于伊拉克博物馆

《汉谟拉比法典石碑》，伊朗苏萨出土，约公元前1760年，玄武岩，高约220厘米，现藏于卢浮宫

时，会有同样的感受。作为主权者的国王是一个非凡的人，图像中阿卡德王面容安详、高贵同时充满威严。他的头发被精心地编织过，茂密的胡须被雕刻成整齐的小卷儿，修饰了面颊和下巴，他的弓形眉毛、深邃的眼窝、闭合的丰润的嘴唇，突出了（或是雕刻者有意去强调的）国王面容的美感。在被破坏之前，这尊雕像的眼窝里镶嵌着珍贵的宝石，象征统治者如神般的神秘和威严。

除了对国王、首领肉身的美化，另一个相似的构思是对统治者的神化。只有统治者才有能力与强大的神秘力量直接沟通。现存最古老的法典——公元前1792—前1950年巴比伦时期的《汉谟拉比法典石碑》——便是在这样的观念下雕刻汉谟拉比王的形象的。图像中，汉谟拉比王肃然站立，从端坐在石基上的太阳王手中接过权杖，象征石刻法令为君权神授，国王命令具有神圣不可侵犯的效力。

对统治者的神化并不限于古代的艺术表现。我们仍然可以在现代的艺术图像中发现这种古老的神权观念的遗迹。达维德的学生安托万·格罗于1804年为拿破仑创作的《拿破仑视察雅法城的疫情》，描绘了1799年3月间拿破仑慰问在近东战役中被感染传染病的士兵们的情景。传染病医院的臭味使得拿破仑的随从们用手帕捂着鼻子，拿破仑却冷静无畏地站在死者和病患者之间，他伸出手安抚患者，就好像耶稣用手触摸病人使他们痊愈那样。

安托万·格罗《拿破仑视察雅法城的疫情》，创作于1804年，现藏于卢浮宫

当然，并不是全部的艺术图像都会对国王的形象进行美化和神化处理。与东方国王艺术形象不同，古希腊罗马的统治者形象似乎更为写实，更贴合现实中人的形象。从希腊神话中也可以看出希腊人对王的态度。他们从不把人神化、把王神化。不仅如此，他们的神也会有人的性格和弱点。这件雕像为公元前150—前140年《希腊化王国的统治者》，是一件稍大于真人的青铜雕像。统治者的脸庞并没有被美化。艺术家选择被塑造者日常的走路姿势，他的肩部宽厚发达，双脚

主权者　169

《希腊化王国的统治者》,约公元前150—前140年,青铜,高222厘米,现藏于罗马国家博物馆

被刻画成将军的《奥古斯都雕像》,意大利普里玛波塔出土,公元1世纪早期的大理石复制品,依据公元前20年的青铜原作制作,高约200厘米,现藏于梵蒂冈博物馆

《君士坦丁像》,新巴西利卡出土,意大利罗马,公元315—330年,大理石,高约259厘米,现藏于罗马保守宫博物馆

《卡拉卡拉肖像》,约公元215年,高约50厘米,现藏于那不勒斯国家考古博物馆

和手臂大大展开,使得雕像充满生命的动感。罗马时代人物雕塑强化了希腊的写实风格。甚至为了准确反映被塑造者的容貌,他们会根据死者的模塑面形做成蜡制头像,真的是非常写实了。[1]

在中世纪以后,精神世界的领袖——教皇,与世俗世界的统治者分庭抗礼。国王和教皇的复杂关系非常隐晦,却又那么准确地呈现在图像之中。我们来看查士丁尼大帝、马克西米安努斯主教、查士丁尼的妻子狄奥多拉及其随从的镶嵌壁画。这些壁画位于拉文纳圣维塔尔教堂,创作于公元547年。罗马国王查士丁尼头顶光环,身旁伴随着当时担任拉文纳主教的马克西米安努斯、侍卫、官吏和神职人员。查

---

[1] 〔美〕修·昂纳、约翰·弗莱明:《世界艺术史》,吴介祯等译,北京美术摄影出版社2014年版,第200页。

士丁尼的双脚位于主教身后，但是他的皇袍却在主教之前，画面上方特别写着主教的名字。查士丁尼手中捧着的是献祭的面包，狄奥多拉则是圣餐杯，分别象征着耶稣的血肉。画面体现出世俗王权与宗教权威的结合。

《查士丁尼、马克西米安努斯主教与侍从》，后殿北墙镶嵌画，创作于公元547年，现藏于圣维塔尔教堂

《狄奥多拉与侍从》，后殿南墙镶嵌画，创作于公元547年，现藏于圣维塔尔教堂

在达维德的画作《拿破仑的加冕》中，同样出现了世俗和精神两种力量，代表精神力量的教皇和教士位于画面右侧，代表世俗力量的拿破仑及其宫廷成员位于画面左侧。这场景是创作者亲临现场记录下来的。当时，教皇并没有像传统中所做的，直接为世俗国王加冕，而是作为观礼者，见证拿破仑为自己加冕。并且，拿破仑在加冕后，还为他的妻子约瑟芬佩戴皇冠。画面凝聚了拿破仑为妻子佩戴皇冠的一瞬间，真实反映了当时颇为争议的教皇和王权的关系。

无论东方的君主还是西方的君主，在稳定繁荣的世俗力量的统治时期，为了凸显一个拥有巨量财富并安享和平的统治者形象，主权者的画像都特别通过服饰去表现雍容华贵的感觉。从阎立本的《历代帝

达维德《拿破仑的加冕》，创作于1805—1808年，现藏于卢浮宫 　　　　亚森特·里戈《路易十四》，创作于1701年，现藏于卢浮宫

王图》，到后世帝王画像，它们都特别细致地描摹了大礼盛装、庄重严肃的帝王形象。路易十四到路易十六的高跟鞋和白色丝袜，反映了那一时期最为前卫的审美和时尚。

巴洛克艺术完美地契合了王室宫廷对雍容华贵审美风格的追求。它首先产生在最早显示出世俗王权力量的君主专制国家西班牙。迭戈·委拉斯开兹（Diego Rodriguez de Silva y Velazquez，1599—1660）奉命创作了几十幅国王的肖像画。其中《西班牙国王菲利普四世》描绘了1644年正在参加阿拉贡战役的国王形象。画面中，菲利普身穿红银相间的战袍，并配有指挥棒和剑。画家重点描绘了国王精美的服装，如玫瑰色的外套和肩带，外套上银

迭戈·委拉斯开兹《西班牙国王菲利普四世》，创作于1644年，现藏于弗里克收藏馆

172　图像中的法律

色的刺绣图案闪着微光。

这一时期的鲁本斯（Peter Paul Rubens，1577—1640）曾担任西班牙外交大使，与国王和贵族的交往使他准确把握了这些权贵对华丽、壮观、奢侈的偏爱。《多里娅侯爵夫人》作于1606年，这是一幅真人大小的绘画，鲁本斯同样细细勾勒画中人的华丽衣饰，她的白色锻裙、披肩，佩戴的宝石，硕大的多层皱领，以及装饰着珍珠和羽毛的发簪。

鲁本斯《多里娅侯爵夫人》，创作于1606年，现藏于华盛顿国家美术馆

鲁本斯曾接受佛罗伦萨美第奇家族著名成员玛丽·美第奇的委托——这位女士同时也是波旁王朝第一位国王亨利四世的遗孀——为她创作了一系列作品。《玛丽·美第奇的抵达》创作于1622—1625年，它描绘了玛丽结束海上航行，从意大利抵达法国，在女仆的簇拥和搀扶下走下甲板，受到民众热烈欢迎的情景。天使和海神都为之欢欣鼓舞。在众人欢呼中，玛丽神情温和而宁静，她身穿银灰色的衣袍，鼓起的大裙摆浮现出柔亮的光泽。一个身披斗篷的人首先向她屈膝敬拜，他的斗篷上绣着法国王室的标志——鸢尾花。在玛丽及其随从身后的，是身着黑银相间服装的傲慢的船长。玛丽及其

鲁本斯《玛丽·美第奇的抵达》，创作于1622—1625年，现藏于卢浮宫

随众的平静从容在热烈的欢迎仪式中显得富有权势和威仪。

利维坦与现代国家的人格画像

艺术史中的主权者形象，无论是胜利时刻的首领、被美化和被神化的统治者，还是拥有巨量财富的君主，即便他们面貌各异，出现在不同的场合，他们始终都是独立的人格形象。然而，1651年，英国思想家霍布斯（Thomas Hobbes, 1588—1679）在出版其巨著《利维坦》时，委托并帮助设计了一个迥然不同的主权者形象，并将其命名为"利维坦"。图像中最为醒目的，并不是主权者身上华美的服饰，而是他直接显露的身体。但又与自然人的人体不同，利维坦的身体是由密密麻麻、排列得整整齐齐的个体构成的。相对于这些小小的个体，利维坦是一个巨人，但他又像现实的君主一样，头戴皇冠，一手持权杖，一手持剑。他身上所有小小的个体都面向利维坦，有些人还向他跪拜。

在利维坦的身下，是体现着主权者领土的乡村和城市，利维坦的权杖和剑守护着这些领土。画像的下半部分，插

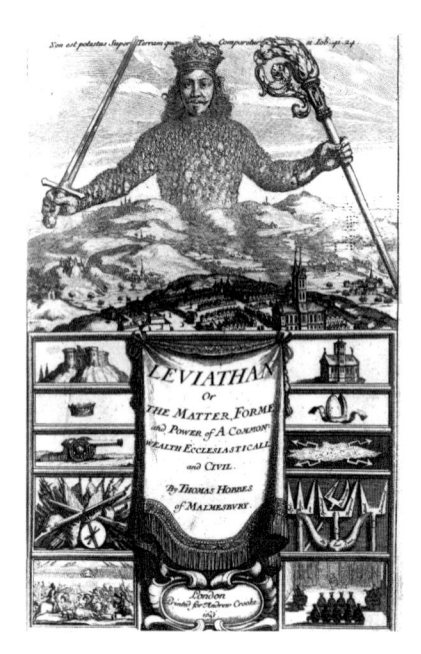

霍布斯《利维坦》扉页图

图两侧，分别画有代表当时社会中两种权势力量的象征物。左侧从上至下绘有城邦、冠冕、枪炮、旗帜、战争场面，代表贵族的权柄和力量；与之对应的，右侧从上至下绘有教堂、主教的法冠、思想雷电、教会的军事力量和宗教法庭。无论是贵族权力还是教会势力，它们都在利维坦之下，受到利维坦利剑和权杖的抵制。

在所有描绘和记录主权者形象的历史图像中，利维坦的独特意义在于：它虽然是一个想象的产物，源于霍布斯的构想，但它却又非常真实、准确地描绘了现代国家主权的形态。现代国家就是通过这样一个名叫利维坦的巨人聚合在一起而形成的。那么，这个名叫利维坦的人格形象是如何诞生的？

启蒙思想家在开始他们的政治和法律论说的时候，会用很多篇幅和细致的笔墨描绘和论述人性。在《利维坦》中，对人类和人性的论述占据了全书四分之一的篇幅。我们曾经引述过亚里士多德对人和政治体的论断，他说人天生是政治动物，要过政治生活，天生就被注入了社会本能。而霍布斯的这些论述为"为什么人天生是政治动物"提供了一种解说。

霍布斯的解说是从生物性的人、身体层面的人、欲望层面的人，过渡到人的联合体的必要性的。什么是人？在霍布斯看来，人是一个生理层面的、不断运动的个体，是拥有欲望和选择意愿的个体——霍布斯彻底否定了古典理论中的人的终极目的和最高的善——他说，是欲望驱使人从一个目标到另一个目标，不断发展；人类的普遍倾向不是求知和至善，而是权势欲，是那种"得其一而思其二，死而后已，永无休止的权势欲"[1]。为什么人会有如此的欲望？霍布斯说，欲望的产生不是由于人的内在，而是环境使然——是财富、荣誉、统治权或其他权势的竞争，使人倾向于争斗、敌对和战争。在这种外在氛围里，如果他不这样做，就会连现在的权势也保不住。

卢梭在其后的《论人与人之间不平等的起因和基础》中也遵循了霍布斯的这一观点，也就是关注竞争背后的心理动机——要比其他人强一点的心理，或者自认为自己要比其他人强的心理。如霍布斯所说："自然使人在身心两方面的能力都十分相等，但几乎所有人都认为自己比一般人强。"[2] 因此，任何两个人如果想取得同一东西而又不能同时享用时，彼此就会成为仇敌。所以人们需要权力，需要一种超越个体的力量，这种力量可以终结外界评价与自我评价之间永远不可能一致的冲突。

如果没有这样的共同权力使大家臣服，那么人们就会处在战争的状态——每一个人对每一个人的战争。在这种情况下，产业无法存在，人不断地处于暴力、死亡、恐惧、危险之中，人的生活也是孤独、贫困、卑污、残忍、短寿的。霍布斯感慨说，人性竟然会使人们如此彼此离异，易于互相侵犯摧毁。霍布斯强调他并不是在攻击人的天性，这些属性并不是恶的，不是有罪的，它甚至有一点天真——就是我觉得我要比其他人强的这种心态。但是从这点演化出的一系列

---

1 〔英〕霍布斯：《利维坦》，黎思复、黎廷弼译，商务印书馆1985年版，第72页。
2 〔英〕霍布斯：《利维坦》，黎思复、黎廷弼译，商务印书馆1985年版，第92页。

必然，使得超越其上的权力和权威的存在非常必要，它的目的是消解战争状态。

绝对的人人为战的状态，在现实中的任何时代都不存在。这是因为，人一方面存在竞争心理，另一方面也是有理性的，出于对死亡的畏惧，对舒适生活的欲求，人由理性发现如此的戒条或一般法则——寻求和平、信守和平，"己所不欲，勿施于人"。然而，这些致力于达成和平的法则，如正义、公道、谨慎、慈爱等等并不能凭借自身的力量、德性的力量守护和平，因为这些法则总是会与人性的偏私、自傲、复仇激情等等发生冲突。所以，一定要有一种更为强大的、不容分说的且有武力保障的权威慑服所有的人。

那么现在，只有一条道路——把大家所有的权力和力量托付给某一个人或一个集体，承认和授权他或他们代表自己的人格，授权这个主权者为着公共和平和安全，采取任何行为或命令。当全体真正统一在这个唯一人格之中时，这个主权者就是利维坦，每一个人都是他的臣民，而统一在利维坦人格之中的这群人，就形成了国家。

人格与权力结合的危险及其在法治时代的演化

在利维坦产生之后，如何保障和实现创造者的初衷？那便是明确主权者对个人的绝对地位，赋予利维坦"无限权力"——它可以决定学说和意见、思想和言论、战争与和平。霍布斯说，作为主权者的利维坦相对于臣民,"就像太阳之于众星"[1],主权者的权力,"人民能想象得到使它有多大,它就有多大"[2]。

在利维坦无限的权力之下,臣民的自由是相对的自由,是在绝对服从主权者命令的前提下,法律规范没有加以明确禁止的那些领域之中的自由。霍布斯自问,这些自由是不是太少、太可怜?他自答说,任何一种制度都有它的问题,为了绝对消除战争和敌对,利维坦必须拥有这样的无限权力。当然,霍布斯指出,利维坦的权力和命令应当在神和自然法之下,不过,在现实中,没有其他的力量可以实质地限制它。霍布斯形象地把命令和服从的过程比喻为唇与耳的锁链:"人们为了取得和平并由此而保全自己的生命,因而制造了一个人为的人,这就是我们所谓的国家一样,他们也制造了称为国法的若干人为的锁链,并通过相互订立的信约将锁链的一端系在他们赋予主权的个人或议会的嘴唇上,另一端则系在自己的耳朵上。这些锁链就其本质来说是不坚固的,它们之所以得以维系,虽然并不在于难以折断,但却是在于折断后所将发生的危险。"[3]

利维坦产生于人们立约的活动,契约是平等当事人之间合意的产物,然而,作为契约产物的利维坦,却与它的创造者建立起绝对权力与服从义务的不平等关系。霍布斯在《圣经》中为这种关系找到了渊源。当大卫的随从要杀死因为强烈的嫉妒而追杀大卫的当时的以色列

---

[1] 〔英〕霍布斯:《利维坦》,黎思复、黎廷弼译,商务印书馆1985年版,第141页。
[2] 〔英〕霍布斯:《利维坦》,黎思复、黎廷弼译,商务印书馆1985年版,第161页。
[3] 〔英〕霍布斯:《利维坦》,黎思复、黎廷弼译,商务印书馆1985年版,第164页。

国王扫罗时，大卫禁止了他们，说："我在耶和华面前万不敢伸手害他，因为他是耶和华的受膏者。关于臣仆的服从，圣保罗曾经说过，你们作仆人的，要凡事听从主人。又说，你们作儿女的，要凡事听从父母。"[1]这便是利维坦中立约人的形象。在利维坦面前，人是儿女，是仆人，是臣民，是接受命令者。

霍布斯在为这样一种无限大的权力命名时，暗示了他的危险。利维坦的名字取自《旧约》。上帝在创世的第六天创造了一雌一雄的两头怪兽，雌性的就是盘踞大海的利维坦，是耶和华所创造出来的生物中号称最大的，而雄性的则是威震陆地的贝希摩斯。创造之初的利维坦还不是恶魔，只是神所创造的怪物，但到了《启示录》及后来的基督教文学里，它就摇身一变，被视为反抗神、要让世界毁灭的恶魔，并被冠以七罪之一——嫉妒，也有说是骄傲。这个名称有着双重的隐喻。霍布斯在分析利维坦成立的原因时，把人们需要权威、需要绝对主权者的原因，归于人们对自己的评价总是要比他人对自己的评价要好，对于稀少的东西，人们总认为自己才值得拥有，由此产生战争，这不正是骄傲的后果吗？另一层隐喻，似乎又在说主权者、世俗国家的最终命运，即无限大的权力可能导致衰落和死亡。与上帝创造的利维坦一样，人造的利维坦最终也反对甚至毁灭它的创造者。

我们在利维坦的图像中找到了危险的根源。虽然利维坦的形象不

---

[1]〔英〕霍布斯：《利维坦》，黎思复、黎廷弼译，商务印书馆1985年版，第159页。

同于传统的人类首领,然而,它却又不是纯粹虚拟的造物,而是被绘制成为类人的形象。虚拟人格最终归于具体的一个人或一些人,这些人一方面扮演着政治的角色,另一方面永远保有自然人的身体和性情。霍布斯却恰恰非常推崇如此双重人格形成的政治形态,他说:"公私利益结合得最紧密的地方,公共利益所得到的推进也最大。在君主国家中,私人利益和公共利益是一回事。君主的财富、权力和尊荣只可能来自人民的财富、权力和荣誉。"[1]然而,我们知道,历史经验表明,在共同利益可能得到最大推动的同时,潜在的危险也必然伴随——独夫剥夺臣民的财产,将其纳为自己和宠臣的享受,或者主权传位给懦弱、昏聩的人。在人格和权力高度结合的地方,利维坦存在任何人治可能产生的危险。

霍布斯试图通过统一的无限权力,为永无止息地充满矛盾、冲突、敌意和争斗的人类社会带来和平。然而,霍布斯的论说中却充满了矛盾,他一方面表现出对专制的捍卫,另一方面又倡导人天然的平等地位;一方面主张得到同意的统治,另一方面又推崇绝对权力对人的自由、思想、信仰的强制。宗教人士说他无神,君主贵族说他激进,自由主义者说他专制。

我们可以把霍布斯关于主权者的理解看作一种过渡时期的产物。它的价值应当回到思想史中去认识。洛克的社会契约论和关于自由的论说,卢梭的社会契约论和关于平等的论说,边沁等实证主义法学家

---

[1] 〔英〕霍布斯:《利维坦》,黎思复、黎廷弼译,商务印书馆1985年版,第144页。

关于法律与命令的论说，很多后来的思想都从霍布斯的思想中找到了自己需要的东西。霍布斯强调的主权概念成为描述现代国家的基础。现代国家在利维坦的形象中得以演进，其中重要的进化是自然人身份与公职身份的区分，更重要的是，在理念和实践中把控制权力的公职人员置于法律的统治之下。

当然，这也是一种理想和想象，即便在法的统治之下，利维坦这个巨兽也从来没有彻底地消除他的人形、人性和人格色彩。易于自负的人们创造了拥有无限权力的利维坦，如此的人性注定了利维坦的不完美。可是，人性真的就是易于自负的吗？想想苏格拉底吧，那个被神谕指认为天下最聪明的人，却真诚地承认自己的无知。在由这样的一群人成立的国家中，主权者又是什么形象呢？请回顾哲学王的知识，构思一幅他的画像吧。

德拉克洛瓦的画与卢梭的公意学说

浪漫主义时代的《自由引导人民》

德拉克洛瓦《自由引导人民》,创作于 1830 年,现藏于卢浮宫

东方的自由是梦境忘我。一个人离开了一切甚至他自己,进入绝对的未知,如庄子在梦里幻化成蝴蝶,模糊了真实与虚幻,把自己都忘了。庄子的自在自由就是离去归隐,乘物游心,超然逍遥。画作《自

由引导人民》虽然以"自由"为题,却与庄子的那种唯美的自由大相径庭;法国画家德拉克洛瓦被誉为19世纪浪漫主义画家,但画面再现的法国七月革命的浪漫,也不是庄子的那种仙气缈缈的浪漫。

画面中心的自由女神没有翅膀、没有坐骑,身姿和表情没有一丝女性的柔美,还有些劳动女性的健壮。她赤脚踏在地上,一手持装有刺

德拉克洛瓦(Eugene Delacroix, 1798—1863)

刀的步枪,一手高举共和国的三色旗,带领身后的人群冲锋陷阵。她身后参加战斗的人群装扮不一,有的戴礼帽、领巾,有的着粗布短衣,有的是学生装扮,他们都一样地注视着自由女神,手持武器奔跑跟随。自由女神的前方横卧着倒下去的人群,尸体堆叠,象征着他们将要冲向危险和死亡,却没有畏惧。

庄子的自由是一个人的自由,而画面表达的自由是作为群体的人的自由;庄子的自由是精神的绝对自由,而画面的自由所表现的却是以肉体牺牲为代价的自由。但自由的梦境与画境仍有一致的地方,无论东方还是西方,浪漫都是自由的天然气质。对《自由引导人民》中的革命浪漫和激烈对抗意义的自由的理解,应当回到欧洲狂飙突进、浪漫主义的年代。

在艺术史上,西方19世纪可分作两个时期,19世纪前期的艺术思潮为浪漫主义,后期为现实主义。前期浪漫主义的表达方式是多样的,它首先表达为民族的或个人的情感、激情。如德拉克洛瓦以希腊

民族独立为背景的《西阿岛的屠杀》、弗朗西斯科·戈雅（Francisco Goya，1746—1828）以西班牙独立战争为背景的《1808年5月3日大屠杀》，音乐作品中李斯特的《匈牙利狂想曲》、肖邦的《玛祖卡舞曲》，以及大仲马的《三个火枪手》和贝多芬《第三英雄交响曲》《第五命运交响曲》中所呈现的个体的欢乐、热烈、痛苦的情感起伏，或所赞颂的个人英雄主义。个人情感在文学作品中还表现为对个人奋斗、自我认知、主观感悟心理的深度描绘，如司汤达的《红与黑》、夏洛蒂·勃朗特的《简·爱》。

德拉克洛瓦《西阿岛的屠杀》，创作于1824年，现藏于卢浮宫

弗朗西斯科·戈雅《1808年5月3日大屠杀》，创作于1814年，现藏于普拉多博物馆

此外，浪漫主义还表现为如小仲马《茶花女》和舒曼音乐作品中的爱情感伤，约瑟夫·透纳画作中的回归自然、诗意朦胧，安徒生、格林兄弟在童话故事中展现的丰富而神奇的想象力，甚至体现为歌德在《浮士德》以及弗朗西斯科·戈雅在《理性的沉睡生出怪

物》《萨杜恩吞食其子》中展示的神秘、奇异、怪诞。

19世纪艺术领域的浪漫主义、狂飙突进运动是对启蒙时代理性主义的突破和反叛，而在理性时代，卢梭对个体表现、情感和自然的推崇，富于感染力又金句连连的文学式写作，已经使他成为特别格格不入却又独具魅力和影响力的人物。19世纪自我认知、爱情感伤、革命的浪漫、挣扎的自由、回归自然、诗意朦胧、丰富的想象力甚至残忍怪诞都可以折射到这个富有争议的人物身上——启蒙思想家、浪漫之父、法国大革命的思想领袖。

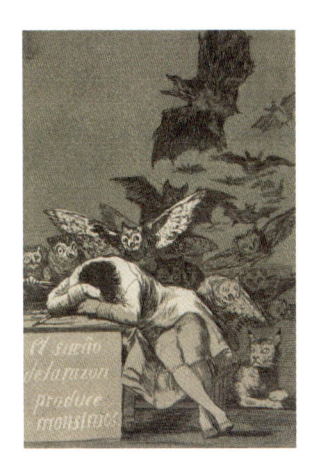

弗朗西斯科·戈雅《理性的沉睡生出怪物》，创作于约1789年，现藏于大都会艺术博物馆

爱弥儿的自由与卢梭对公意国家的构想

1712年，卢梭出生在一个钟表匠家庭，出生那天他的母亲因难产而去世。卢梭没有在学校接受过完整、系统的教育，他的才华完全来自爱读书的天性。1749年，卢梭看到第戎科学院的征稿启事，于是写成《论科学与艺术的复兴是否有助于使风俗日趋纯朴》，一论成名。在人们对科学、艺术、文明的一片赞美声中，卢梭指出，科学、艺术的发展并不必然地导向文明。随科学艺术兴盛而来的，可能是奢侈、享受和追逐财富的道德堕落。这个思想成为卢梭一系列著述的开端。

卢梭（Jean-Jacques Rousseau，1772—1788）

后来卢梭这样讲述："先生，如果我把在那棵树下所看到的和感觉到的情形能好好地描述四分之一的话，我就能多么清楚地向人们展现我们社会制度的种种矛盾，多么有力地揭示我们制度的一切弊端，多么简要地阐明人生来是善良的，他之所以变坏，完全是由社会制度造成的。我在那棵树下一刻钟内悟出的许许多多真理，我能记得的，都零零星星分散地写进了我的三部主要著作，即第一篇论文和关于不平等的论文以及关于教育的论文。这三部著作是不可分开的；三部著作应合起来成为一部完整的著作。"[1]

《论人与人之间不平等的起因和基础》书影

1753年，卢梭再次应第戎科学院征文，写成《论人与人之间不平等的起因和基础》，虽然这篇文章没有再次获奖，但是卢梭讲述的一个人如何从自我的幸福而自由的状态发展到与他人结合所导致的奴役和一系列不幸，具有令人惊讶的想象力又如此真实："从一个人需要别人帮助之时开始，从他感到一个人拥有两个人的食物是大有好处开始，人

---

[1] 〔法〕卢梭：《一个孤独的散步者的梦》，李平沤译，商务印书馆2008年版，第192—193页。

与人之间的平等就不存在了，私有财产的观念便开始形成。"[1] 自然人的自在自由短暂甚至不可能存在，因为人的相互依赖和相互需要同样与生俱来、不可避免，冶金和农耕等技术发明扩大了人对物质占有的欲望，从占有食物发展为占有土地，从此在人群中区分了富人与穷人、主人和奴仆；继而富人又窃用法律获得政治权力的保护，将这种不平等确定下来。值得注意的是，在卢梭所描述的人类社会的堕落过程中，最先导致堕落的原因不在于人的联合，也不在于私有财产和私有制度，而在于社会状态中人的心灵的变化。

在卢梭看来，纯粹孤独状态中的人的心灵不是恶的，也不是完善的，而是可变的、可塑造的。自然状态的人性情温和，不好斗，因为他没有意识到他人，也没有意识到自己。自然人对自我的意识，伴随着"看见"他人、"注视"他人，在"比较"的心理中，开始获得对他人和自己的认识。所以，人的结合带来的最初的变化，不是财产的变化，而是心理的变化，物质条件的变化加剧了天性的改变。当卢梭如此发现了人与人之间不平等的起因，他开始思考改变人和社会的方式。《爱弥儿》讲述了卢梭通过改造教育理

《爱弥儿》书影

念和方式塑造的理想的人，一个想象出来的并在此教育理念中长大的孩子——爱弥儿；《社会契约论》则讲述了卢梭通过重建社会秩序塑

---

1 〔法〕卢梭：《论人与人之间不平等的起因和基础》，李平沤译，商务印书馆2007年版，第93页。

造的理想状态下人的联合。

卢梭的教育理念特别强调通过保护和培养人用造物主赋予的自我的主观感受去获得知识的能力；在这种教育观念下成长起来的爱弥儿，获得的是拥有自我判断能力的自由，他对自我和世界的认识完全来自自己，而不是他人的偏见、权威的论断、约定俗成的做法或制度等级。爱弥儿通过教育获得的正是这样一种自由，他在人群中获得了作为人的自己。他不会奴役人，也不会被他人役使，他也能够在能力和欲望之间获得平衡。卢梭说："培养他的好奇心……由他自己去发现那些学问。你一旦在心中用权威代替了理智，他就不再运用他的理智了，他将为别人的见解所左右"，"只有自己实现自己意志的人，才不需要借用他人之手来实现自己的意志；由此可见，在所有一切的财富中最可贵的不是权威，而是自由"。[1]

《社会契约论》书影

爱弥儿获得的自由是摆脱了"枷锁"的自由。卢梭所说的"枷锁"就是人对人的控制，无论这种控制是有意识的还是无意识的，是通过物还是通过观念。自由与枷锁的关系即自我与他者的关系，个体自由的获得在于不受制于他人物或观念的控制；《社会契约论》中卢梭对社会整体自由状态的理解，同样是相对于人际依附和控制的。

人在社会中永远不可能拥有孤独状态下的自由，基于联合的必要

---

[1]〔法〕卢梭：《爱弥儿：论教育》（上册），李平沤译，商务印书馆1978年版，第217、80页。

性，又为了避免一部分人对一部分人的奴役，卢梭认为，可以把这种不可避免的约制交付给一个无具体人格的权威，即公意。卢梭说："任何人对自己的同类都没有任何天然的权威……约定才可以成为人间一切合法权威的基础……我们每个人都以其自身及其全部的力量共同置于公意的最高指导之下，并且我们在共同体中接纳每一个成员作为全体之不可分割的一部分。"[1]可是此时，在《爱弥儿》中通过感性教育获得的自我，在交托给公意之后全部丧失了，"每个结合者以其自身的一切权利全部都转让给整个集体……每个人都把自己全部奉献出来"，"集体的每个成员，在形成集体的那一瞬间，便把当时实际情况下所存在的自己——他本身和他的全部力量，他所享有的财富也构成其中的一部分——献给集体"。[2]

在公意状态下，一部分人对一部分人的控制确实消除了，但另一种控制产生了，卢梭居然这样说："任何人拒不服从公意的，全体就要迫使他服从公意；人们要迫使他自由。因为这就是使每一个公民都有祖国，从而保证他免于一切人身依附的条件，这就是使得政治机器灵活运转的条件，并且也唯有它才使社会规约成其为合法的条件；没有这一条件，社会规约便会是荒谬的、暴政的，并且会遭到最严重的滥用。"[3]卢梭并不认为这种控制是可怕的，因为他在说这番话时，预设了公意永远正确，区分了"公意"和"民意"。"公意永远是公正的，

---

1 〔法〕卢梭：《社会契约论》，何兆武译，商务印书馆2003年版，第10、20页。
2 〔法〕卢梭：《社会契约论》，何兆武译，商务印书馆2003年版，第19、27页。
3 〔法〕卢梭：《社会契约论》，何兆武译，商务印书馆2003年版，第24—25页。

而且永远以公共利益为依归,但是并不能由此推论说,人民的考虑也永远有着同样的正确性。"[1]

公意不同于民意,但卢梭认为公意来源于民意,它来源于所有成员对于同一问题发表看法之后汇集的共识部分:"只当人民能够充分了解情况并进行讨论时,可以从大量的小分歧中产生公意","为了很好地表达公意,最重要的就是国家之内不能有派系存在,并且每个公民只能是表示自己的意见"。[2] 思考卢梭对自由与公意的论说,似乎存在这样一些令人费解的问题。因为永远不可能完全汇集一个群体内部所有成员充分表达的意见,而且,既然人民的考虑不会永远正确,那么为何如此肯定来自人民意见的公意就一定永远公正?以及,被迫使的自由还可以称为自由吗?

卢梭的爱弥儿形象和公意国家的构思,在其时代感染了一批对历史产生巨大影响力的追随者,特别是他的人民主权学说对法国革命的影响。奴役、枷锁和不平等伴随着人类社会,启蒙时代底层者的负担不见得比以前更重,但当启蒙者唤醒了人们对束缚和压迫的感受力,对自由的渴望便成为挣脱、打破、颠覆的动力。但是,德拉克洛瓦画中打破了从前的制度枷锁,获得了自由的人们,如何在新的联合中获得卢梭构想的"服从公意"的自由而不至于产生新的枷锁?

在后来所有绝对公意的社会实践中,都产生了更严重的对个人自

---

[1] 〔法〕卢梭:《社会契约论》,何兆武译,商务印书馆2003年版,第35页。
[2] 〔法〕卢梭:《社会契约论》,何兆武译,商务印书馆2003年版,第36页。

由的践踏。从前一部分人对一部分人的统治，在公意的名义下，以更堂而皇之的面目重新出现。乔治·奥威尔的《动物农庄》里，原先受压迫的猪在革命之后蜕变成为和人类完全一样的剥削者。"人生而自由却无往不在枷锁之中"[1]，一个人的绝对的自由可以凭借自己的力量达成，如同庄子，也如同爱弥儿，但人类社会中的每一个人都能够成为爱弥儿吗？假使人类社会中的每一个人真的都成了爱弥儿，卢梭设想的完全交付公意、服从公意真的就能达成人类全体的自由吗？

法治与公意之下自由的实现

在古典的正义理论和政治理论中，思想家谈论更多的不是自由而是秩序，一种高尚的、幸福的状态，无论是个人的状态还是社会的状态，都在于理性的统治，而非欲望、偏私的支配。对于个人来说，就是理性主宰、控制欲望、情感；对于社会、城邦来说，法律是理性的凝结，通过法治可以排除个人的偏私，实现裁判的中道。

下面的这个图像根据柏拉图在《菲德罗篇》中的比喻绘制而成。人被比喻为双驾马车，驾车者是理智，驾车的两匹马，一匹代表情感，另一匹代表欲望。正义状态便是通过理性的节制达成的。柏拉图虽然没有涉及自由这个词，但我们可以由此理解，为所欲为的欲望并不是自由，相反，是人受到外在诱使，被欲望牵引的奴役状态。真正的自

---

[1]〔法〕卢梭：《社会契约论》，何兆武译，商务印书馆2003年版，第4页。

双驾马车，根据柏拉图的比喻绘制的图像

由，恰恰是通过自制获得的秩序状态：他自觉地明确一种道德主体应当呈现的存在方式，通过规则控制欲望、快感等各种激情，建立自我控制的节制的生活方式。

在启蒙思想家的自然法理论中，对于如此的自由的理解，也就是对于一种限制层面的自由的理解，与上述古希腊思想家的理论是一脉相承的。自由不是任意，而是限制。与古典正义理论不同的是，启蒙思想家探讨更多自由的内容，侧重对获得个体自由的外在侵犯因素的限制，这些外在可能的侵犯因素一方面是公共权力的滥用，另一方面则是他人的个体权利的滥用。

从法治的角度谈论自由，其思想源头可以追溯到启蒙思想家洛克。在他的代表作《政府论》中，他首先讲，在没有政府和国家的状态里，即被称为自然状态的这种状态里，人与人之间是一种平等和自由的关系，这种平等自由意味着，没有人凌驾于任何一人之上，然而，这种自由和平等的状态也是存在法则限制的。洛克说："虽然这是自由的状态，却不是放任的状态……虽然人具有处理他的人身或财产的无限自由，但他并没有毁灭自身或他所占有的任何生物的自由……自然状态有一种为人人所应遵守的自然法对它起着支配作用，而理性，也就是自然法，教导着有意遵从理性的全人类：人们既然都是平等和独立的，任何

洛克（John Locke, 1632—1704）

人就不得侵害他人的生命、健康、自由或财产。"[1]因为没有任何人有高于他人的地位，或者对他人享有管辖权，所以，当发生侵权、伤害时，自然法便在那种状态下交给每一个人去执行，使每人都有权惩罚违反自然法的人。于是这个时候，一个人就得到了支配另一个人的权力，但当他抓住一个罪犯时，却没有绝对或任意的权力，而只能根据冷静的理性和良心指示，比照他所犯的罪行，对他施以惩处，尽量起到纠正和禁止的作用。

自然状态是短暂的，也容易产生混乱，于是每一成员都放弃了这一自然权利，排除个别的私人裁判，社会成了仲裁人，用明确不变的社会规则来公正地和同等地对待一切当事人，通过那些由社会授权来执行这些法规的人，来判断社会成员之间可能发生的关于任何权利问题的一切争执，并以法律规定的刑罚来处罚任何成员对社会的犯罪。任何人放弃其自然自由并受制于公民社会的种种限制的

---

[1] 〔英〕洛克：《政府论》（下篇），叶启芳、瞿菊农译，商务印书馆1964年版，第4页。

唯一方法，是同其他人协议联合组成一个共同体，以谋他们彼此间舒适、安全与和平的生活。

因此，在洛克的政治法律理论中，社会、国家、法律的目的与个人的权利和自由是同一的关系。法律通过限制和阻止权力以及权利的滥用，确认和保护个体的自由。为了防止权力滥用，保障人民的自由、平等和天赋权利，就必须将权力分离，以权力制约权力。洛克创立了权力分立原则，将权力分为立法权、行政权和对外权。孟德斯鸠将权力区分为立法权、行政权和司法权。汉密尔顿将其运用于美国的实践，发展为"牵制与平衡"的宪法原则。洛克、孟德斯鸠、卢梭、霍布斯等启蒙思想家关于自然状态、自然权利、自然法、社会契约的思想进入同时期的法律文件，成为近现代法律制度的理论基础。

19世纪古典自由主义思想家密尔在其代表作《论自由》中明确指出，他所讨论的公民自由或社会自由，就是社会所能合法施用于个人的权力的性质和限度。他总结法国大革命中的暴乱说，为了防止社会本身成为暴君，产生对个体的压迫和奴役，必须有某些行为准则，这些准则作为强制和限制，获得普遍的遵守，才会产生思想自由和讨论自由，产生人的个性。

密尔（John Stuart Mill, 1806—1873）

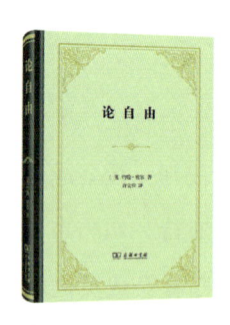

《论自由》书影

英国现代政治思想家霍布豪斯在《自由主义》中总结19世纪自由主义的思潮，他引述洛克的观点说，自由的第一步，正是要求法治。"处于政府之下的人们的自由……是要求有一个长期有效的规则作为生活的准绳，

霍布豪斯（Leonard Trelawney Hobhouse，1864—1929）

《自由主义》书影

这种规则由社会所建立的立法机关制定，并为社会的一切成员共同遵守。"洛克的观点具有其时代的批评意义。因为与自由和公民自由相对的，是当时的专制统治。人、君主或国王，或者有权力的人，可以凭借自己的好恶，去决定别人的命运。只要有奴役，就不会有自由。所以，"普遍自由的第一个条件，正是一定程度的普遍限制。没有这种限制，有些人可能自由，另一些人却不自由。一个人也许能够按照自己的意愿行事，而其余的人除了这个人认为可以容许的意愿以外，却无任何意愿可言。换言之，自由统治的首要条件是：不是由统治者独断独行，而是由明文规定的法律实行统治，统治者本人也必须遵守法律"[1]。

当我们从文献中抽身，重新审视浪漫主义画家创作的《自由引导人民》之中的自由和浪漫时，我们似乎可以获得一种反思和批评的眼

---

[1] 〔英〕霍布豪斯：《自由主义》，朱曾汶译，商务印书馆1996年版，第9页。

光。因为无论个体的自由还是社会的自由，通过自制和法治获得的自由，都应当源于理性、节制，而非激情和任意。一切缺乏这种限制精神的自由，都会导向自由的反面。这正是法国大革命的教训，一方面高呼自由、平等、博爱的口号，另一方面却在这种颠覆一切、去改变一切的激情中，产生了更加暴虐的杀戮和伤害。

圆形监狱的设计理念

圆形监狱的设计方案

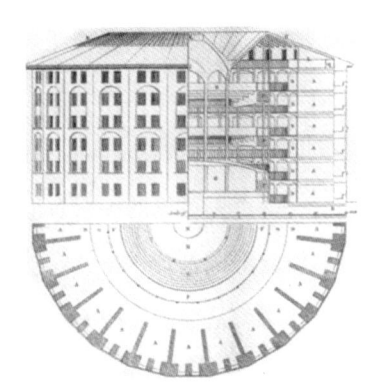

圆形监狱设计图

这是一张监狱平面图,它的设计者是 18 世纪英国法学家边沁。[1]这个图由三部分组成。以中线区分,中线下方是一个半圆形,由中

---

[1] 边沁最初在 1787 年的一系列信函中描述了圆形监狱的设计与意图,这些信函参见 Jeremy Bentham, *The Panopticon Writings*, Verso, 1995。

心向外发散，一些字母标注了它的不同的功能和位置，居于中心的是一个瞭望塔，用以监视和管理，最外围是圆弧状分布的监狱楼。中线上方就是这些监狱楼的具体设计。上半部分的左侧显示了监狱楼的外观，楼层设计看上去和一般的居民住宅没有区别，而上半部分的右侧显示了监狱内部的特殊设计。这些楼层所有的房间都是间隔的、封闭的，它们贯穿建筑物的横切面。每个房间有两个窗户，窗户没有任何遮掩，光线从一边窗户照到另一边。通过逆光效果，站在瞭望塔上的管理者可以清楚地看到每一个房间。

福柯（Michel Foucault，1926—1984）在他的代表作《规训与惩罚》中详细描绘了这个监狱设计，他称之为全景敞式建筑。虽然这个建筑在当时没有付诸实施，但福柯指出，边沁的构思及其背后的观念，形象地表达了现代权力的运行状态——一个不可见的主权者形象，相对的，是无时无刻不被注视、观看、监督的囚禁者——"在被囚禁者身上造成一种有意识的和持续的可见状态，从而确保权力自动地发挥作用"[1]。这种注视在现实中当然不是每时每刻都在发生，但这种敞式的设计使得囚禁者时刻处于心理压力之下。福柯甚至将这种设计和凡尔赛动物园类比，并且认为现代的很多建筑布局，不仅仅是监狱，延续了其中的观察、监视的理念。工厂、医院、学校，都存在一个中心瞭望的区域，在这个区域，总管可以暗中监视所有的下属。[2] 即便在

---

1 〔法〕福柯：《规训与惩罚》，刘北成、杨远婴译，生活·读书·新知三联书店2012年版，第226页。
2 〔法〕福柯：《规训与惩罚》，刘北成、杨远婴译，生活·读书·新知三联书店2012年版，第231页。

物理上我们没有这个区域，但是因为电子设备，现代的电子监控室实现了中心瞭望塔的功能。它是一个权力的实验室。在前面的章节中，我们看到了很多显现的主权者的形象，一如福柯所说，现代权力的运作是一个不可见的主权者。

福柯对圆形监狱的解读成为我们去了解圆形监狱的主要立场。福柯的解读让我们信服，因为他确实指出了这种设计的最终效果。但同时我们也会产生这样的问题：福柯对圆形监狱的解读，就是边沁设计圆形监狱的初衷吗？

英国法学家边沁是18世纪英国法律改革的倡导者，其刑事法律改革的主张受到意大利刑法学家贝卡利亚的极大影响。回到历史中，边沁的监狱设计是一种进步，而不是反人道，这个进步当然是相对的，相对于启蒙之前黑暗的、腐败的、充满暴力的监禁形式。在圆形监狱中，虽然相对于权力对象，权力主体是不可见的，无所不在的监控压力是侵犯式的，但是我们可以看到，这个设计限制了权力主体与权力对象的直接接触，使得权力的运行过程更为透明。

边沁（Jeremy Bentham，1748—1832）

这不是边沁一个人的构想，他从巴黎的军事学校得到启发，并且他的弟弟萨缪尔·边沁（Samuel Bentham）也提出了基本设计方案。边沁发展了萨缪尔关于监视所（the Inspection House）的方案，并明确指出他设计这个监狱的初衷完全是贯彻其功利主义的理念。边沁的意图，或者其中的一部分意图是要建成一个最便宜的监狱，使用最少的职员，借用被监视者的心理压力，实现有效率的监控，达到教育、治疗犯罪者的效果。1791年，这个方案出版后，他花费多年去修改这个设计，并说服爱尔兰、法国的革命者，但当时没有得到这些政府的肯定和支持。直到1794年，英国政府被说服，尝试实施。但是由于土地价格原因，特别是在边沁的支持者离职后，这个方案最终被搁置。[1]

"圆形监狱"与边沁的功利主义原理

圆形监狱是边沁功利主义思想的产物。边沁在其《道德与立法原理导论》中系统阐发了功利的主张，这本书同时也是边沁为刑罚改革拟定的刑法典导论。书中，边沁号称发现了支配人类一切行为的根本，即快乐和痛苦的感受。无论对于一个国家还是一个个体，可赞扬或支持的行为，是那些产生快乐

《道德与立法原理导论》书影

的行为；应减少和防止的行为，是那些产生痛苦的行为。

在功利的原理下，边沁如此定义罪罚："是否犯有罪过？罪过是

---

[1] 设计方案的历程和结果，可参见 Janet Semple, *Bentham's Prison: A Study of the Panopticon Penitentiary*, Clarendon Press, 1993。

那些必定损害某些人的某些快乐或产生某些痛苦的倾向,它构成其恶,亦构成惩罚依据。只有靠产生同等的或更大的痛苦,才能施予惩罚。"[1]

在功利的原理下,边沁如此定义政府的目的:"政府的业务在于通过赏罚来促进社会幸福。由罚构成的那部分政府业务尤其是刑法的主题。一项行动越趋于破坏社会幸福,越具有有害倾向,它产生的惩罚要求就越大……幸福即是享有欢乐,免于痛苦。"[2]

同样,在功利的原理下,边沁如此定义法律:"一切法律所具有的或通常应具有的一般目的,是增长社会幸福的总和,因而首先要尽可能排除每一种趋于减损这一幸福的东西,亦即排除损害。""然而所有惩罚都是损害,所有惩罚本身都是恶。根据功利原理,如果它应当被允许,那只是因为它有可能排除某种更大的恶。"[3]

在最大化幸福和最小化痛苦、损失的观念中,隐含着经济学的思维方式,后来的法律经济学家把这种权衡运用经济学的术语表达出来,即成本和收益。一项理性的并为法律所支持的行为,是收益获得增加,成本得以减少和避免的行为,相反,一个非理性的行为,便是成本大于收益的行为。一个违法行为就是减少社会财富的行为,减少社会财富的行为就是无效率的行为。法律需要以恶止恶,以预防和威慑未来可能的更大的恶。而所有惩罚都是损害,所有惩罚本身都是恶,惩罚存在的目的在于排除某种更大的恶。

---

[1] 〔英〕边沁:《道德与立法原理导论》,时殷弘译,商务印书馆2000年版,第97—98页。
[2] 〔英〕边沁:《道德与立法原理导论》,时殷弘译,商务印书馆2000年版,第122页。
[3] 〔英〕边沁:《道德与立法原理导论》,时殷弘译,商务印书馆2000年版,第216页。

边沁的刑罚思想，目的在于预防而非报应。把功利的思想运用到监狱的设计上，为了减少看管人员而设计圆形监狱，完全以管理者的视角考虑问题，它关注的是需求而不是人格，是集体而不是个人。

在功利原理下，边沁对法律的理解完全排除了任何道德。虽然他的著作冠以道德之名，但这种道德完全不同于古典时代的道德理念。在这个方面，边沁忠实地继承了霍布斯的很多思想，比如法律是主权者的命令，臣民与主权者的关系基于服从的习惯等。立法者制定行为规范所面对的这些臣民，感官欲望大行其道，避苦求乐成为生活的主宰。人们常称霍布斯的理论描绘了一个现代国家，边沁的思想力量恐怕不在于他如苏格拉底般的道德感召力，而在于他似乎真实地表达了芸芸众生在丧失了理性和宗教指引之下的本能状态。

边沁认为，主权者是具有确定性质的一个人或一群人，许多其他的人习惯于对他们表示服从；主权者的权威是无限的，不受法律的限制；主权并非产生于契约，而是产生于服从的习惯。人们服从主权者，是因为服从的利益大于不服从的利益。[1] "制定法律的个人或群体为法律而制定出来的任何东西，都是法律"，"凡被同一个证明行动所核准的，凡一举打上君王印记的，就是一项法律"。[2]

边沁对法律的看法，是把法律中的道德因素彻底清理出去。他细

---

[1] "当一群人（我们可以称他们为臣民）被认为具有服从一个人或由一些人组成的集团的习惯时，这些人（臣民和统治者）合在一起，便可以说是处在一种政治社会的状态中。"〔英〕边沁：《政府片论》，沈叔平译，商务印书馆1995年版，第133页。
[2] 〔英〕边沁：《道德与立法原理导论》，时殷弘译，商务印书馆2000年版，第369—370页。

密地分类，好像要通过这种对人性的度量，实现精确的法律科学。边沁的法律理论被认为是古典与现代的分野，法律思想从价值理想转向需求和效果。

他宣称在贝卡利亚的论著中获得了巨大启发，关于一种等量计算的观点强烈吸引了他。然而让边沁受到影响的，只是贝卡利亚的技术方法。贝卡利亚提出的罪行相当的观点，目的在于呼吁用更人道的方式对待囚犯，改革法律，改善监狱环境——正如他在1766年写给他的著作的法文译者莫雷莱的信中所讲："我把一切都归功于法国人所写的书。这些书唤起了我心灵中8年来一直遭受溺信教育扼制的人道情感。仅仅5年的功夫，我就完全转而相信这些哲理，并且成为（孟德斯鸠）《波斯人信札》的信徒。促使我完成头脑中革命的第二本书是爱尔维修的著作。是他猛然把我推向追求真理的道路，他第一次唤起我对人类的迷惘和灾难的注意。"[1]

贝卡利亚（Marchese di Beccaria, 1738—1794）

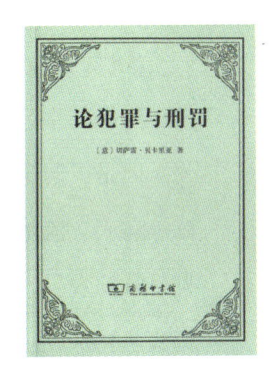

《论犯罪与刑罚》书影

然而，吸引边沁的并不是这些有关人道的思想。边沁说："我记得非常清楚，最初我是从贝卡利亚《论犯罪与刑罚》那篇小论文中得到这一

---

[1] 转引自黄风：《贝卡利亚及其刑法思想》，中国政法大学出版社1987年版，第25页。

主权者 203

原理（计算快乐与幸福的原理）的第一个提示的。由于这个原理，数学计算的精确性、清晰性和肯定性才第一次引入道德领域。这一领域，就其自身性质来说，一旦弄清之后它和物理学同样无可争辩地可以具有这些性质。"[1] 边沁是一个形式主义者，他的法律改革目的在于满足他的整理癖好和法典编纂的梦想。边沁信任法典可能带来的明确，计算的方法可能带来的明确，分类认知的明确，然而，他对现实太过激愤，否定一切，希望颠覆一切，以至于他没有认识到普通法传统自身具有的优点，以及整体的最大化幸福与个体权利、个体利益可能产生的冲突。

人道的"监禁"与贝卡利亚"社会契约论"的想象

现代西方的自由刑制度和监禁的惩罚方式，可以追溯到基督教中教士隐修的生活方式——通过与外界隔离的方式，在静默和反省中悔改。但是，与这种生活根本不同，犯人的监禁是被动的，而且他们与精神病人、流浪者同时关押在一起。与人隔绝的环境非但没有达到自我反省的效果，反而使一些人精神错乱。在《绕圈的囚徒》这幅画中，梵高（Vincent Willem van Gogh, 1853—1890）描绘了自己曾经作为精神病人被监禁的一段经历。这是他 1890 年 2 月 10 日到 11 日根据法国插画画家古斯塔夫·多雷版画的构图，临摹并涂抹色彩进行再

---

[1] 〔英〕边沁：《政府片论》，沈叔平译，商务印书馆 1995 年版，第 38 页。

创作的作品。

古斯塔夫·多雷为诸多名作名篇创作的插图作品，显现出其惊人的对文本的准确理解，同时又富于想象力，他被誉为插画史上无法逾越的高峰。这幅作品中的场景，是伦敦旧城新兴门监狱放风的院子，这个监狱在1902年荒废，该画曾发表于布兰查德·杰罗尔德（Blanchard Jerrold）的著作《伦敦，朝圣之旅》（London, a Pilgrimage）中。梵高选择这样一幅作品进行再创作，其中融入了他当时的心境。在圣雷米的疗养院，梵高对弟弟说："在这儿，我什么都不缺，唯少自由。""有时，会产生一种疾风骤雨似的欲望，就像浪花激打那阴森绝望的悬崖一样。"

在这幅油画作品中，整个画面基调是冷寂的。坚固严密的高墙建筑与佝偻着身体的囚徒形成强烈反差，此刻是囚犯每天少有的自由时刻，然而这种自由的时刻却受到更加严密的监视，他们可以行走，却只能在方寸空间内绕圈。他们的脸上毫无表情，只有监视下被迫服从的无奈。如同老虎

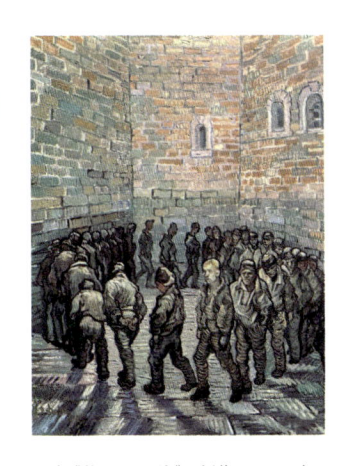

梵高《绕圈的囚徒》，创作于1890年，现藏于普希金博物馆

古斯塔夫·多雷（Gustave Doré，1832—1883）

在动物园方形的笼子里，焦虑地绕着笼子的边缘踱步，和囚徒一样，它没有想要逃脱的行动，只是焦虑地绕圈，一圈又一圈，它似乎知道自己不可能冲出去，只能通过这种绕圈的方式，表达焦虑、无奈、渴望和被压抑的力量。

无论是古代还是现代，限制自由本身就是一种痛苦，它使限制对象处于限制者的支配之下，并与熟悉的外界隔离，在限制自由的同时，还可以伴随着其他很多虐待方式，使痛苦延长。无论现代监狱如何改善被囚禁者的生活条件，只要进入了被看管、被监视的空间，自由的剥夺本身就是一种惩罚。我们会探讨死刑的存废，但我们从没有讨论过监狱的存废。

在最根本上，现代刑罚背后的理念是社会契约的想象。侵犯个体安全和公共秩序的行为被"视为"违反社会契约的行为（但实际上，很多侵害个体权益的犯罪行为是对私的侵犯，并不指向公共），所以，公权力获得了当然的惩罚权力，可以为了公共秩序、公共利益来处罚犯罪行为。如贝卡利亚所说："离群索居的人们被连续的战争状态弄得筋疲力尽……人们牺牲一部分自由是为了平安无扰地享受剩下的那份自由。为了切身利益而牺牲的这一份份自由总合起来，就形成了一个国家的君权。君主就是这一份份自由的合法保存者和管理者。但是实行这种保管还不够，还必须保卫它不受每个私人的侵犯。"[1]

通过与侵犯行为相对抗的力量，需要有些"易感触的力量"，来

---

[1] 〔意〕贝卡利亚：《论犯罪与刑罚》，黄风译，北京大学出版社2014年版，第11页。

阻止个人专横的心灵把社会的法律重新带入古时的混乱之中。这种易感触的力量就是对触犯法律者所规定的刑罚。"任何雄辩，任何说教，任何不那么卓越的真理，都不足以长久地约束活生生的物质刺激所诱发的欲望"，因此要用强烈的方式刺激这些欲望，使得他们畏惧或悔过，不再受到欲望的驱使。所以，刑罚最终作用的是人的感官。亦如贝卡利亚所说："经验表明，如果所采用的力量不直接触及感官，又不经常映现于头脑之中以抗衡违反普遍利益的强烈私欲，那么，群众就接受不了稳定的品行准则，也背弃不了物质和精神世界所共有的涣散原则。"[1]

早期的刑罚制度主要以使人痛苦为目的。贝卡利亚引述孟德斯鸠的观点批判说："任何超越绝对必要性的刑罚都是暴虐的……君主惩罚犯罪的权力应当以维护公共利益的集存，防范个人的践踏为必要限度。"[2]他继而指出刑罚的目的："既不是要摧残折磨一个感知者，也不是要消除业已犯下的罪行。一个并不为所欲为的政治实体平衡地控制着私人欲望，难道它能够容忍无益的酷政为野蛮和狂热、为虚弱的暴君充当工具吗？难道一个不幸者的惨叫可以从不可逆转的时间中赎回已经完成的行为吗？刑罚的目的仅仅在于：阻止罪犯再重新侵害公民，并规诫其他人不要重蹈覆辙。"[3]因而，刑罚和实施刑罚的方式应该经过仔细推敲，一旦建立了对称关系，它就会给人以一种更有效、

---

[1] 〔意〕贝卡利亚：《论犯罪与刑罚》，黄风译，北京大学出版社2014年版，第11页。
[2] 〔意〕贝卡利亚：《论犯罪与刑罚》，黄风译，北京大学出版社2014年版，第12页。
[3] 〔意〕贝卡利亚：《论犯罪与刑罚》，黄风译，北京大学出版社2014年版，第36页。

更持久、更少摧残犯人躯体的印象。

按照贝卡利亚的理解，刑罚阻止个体行为的效果，与同时警戒其他人的效果并不冲突，刑罚理念背后的功利计算，本身就是一种人道。可是，更少摧残犯人躯体，达到什么"更少"的程度，可以阻止罪犯再犯并且可以同时威慑其他人？这是很难量化的，也是很难达成一致的。

刑罚个别化：惩罚与人道的平衡

现代刑罚制度一般按照囚禁的时间衡量罪罚的轻重，这种梯度的设置仍然是一种想象。它取决于人的感受和经验，是一种大概的、差不多的处理，虽然边沁非常希望实现它的量化，对犯罪行为和刑罚设计了一种力图精确的阶梯，像标尺一样衡量行为与刑罚。

在一定时间内囚禁犯罪人，确实可以在这一时间使犯罪者与社会隔离，阻止这个个体再犯。但是，作用于感官的强力并不能够彻底消除感官欲望，消除犯罪。甚至，在监狱环境中，犯罪者之间相互交流，初犯可能会获得更多犯罪技能，强化犯罪意识，出狱后加重犯罪，成为累犯。贝卡利亚也意识到这一点，刑罚虽然能阻止恶果的产生，但它并不消灭产生冲突的原因，因为这种原因源自人的不可分割的"欲望"和"感觉"。

这是单纯依靠囚禁无法改变的。现代监狱的很多设计改变了原来阴森、逼仄的环境和单纯使人痛苦的方式，比如清代的立枷。现代的监狱更像是一个个学校、工厂、医院，通过劳动、学习甚至精神的矫正，抑制可能的再犯。在这些设计中，我们看到了不同的刑罚目的观念的混合。

然而，贝卡利亚指出，真正的预防并不在于这些混合目的的设计，而在监狱之外。"你们想预防犯罪吗？那你们就应该让光明伴随着自由、知识传播得越广泛，它就越少滋生弊端，就越加创造福利……知识有助于鉴别事物，并促进各抒己见，使很多情感相互对照，就越容易相互改造。当光明普照国家的时候，愚昧无知的诽谤将停息，丧失理性的权威将发抖，法律的蓬勃力量将不可动摇……"[1] 预防犯罪最可靠但也最艰难的措施，是完善教育。

在罪刑擅断、酷刑威吓的时代，贝卡利亚的刑罚思想的目的在于人道，批判当时刑事制度中的黑暗、残酷和蒙昧。然而，刑罚本身就是一种恶和苦，这是无论监狱如何发展成为矫正、教育、医疗的机构都没有办法改变的天然的属性。从每一个犯罪者的个人角度看，犯罪者都可能令人同情，然而，从整体的视角看，这个个体却是可恶的。如何在惩罚中同时结合公共权力的视角和同情犯罪者个体的视角？这是一个无解的矛盾。

晚于贝卡利亚一个世纪后的犯罪学家将目光投向这群人，并把这群人与贝卡利亚语境中普遍意义的人区别开。犯罪者不再是抽象人，那些受到欲望牵引堕落的个体是具体的，有着特殊面貌、性情。意大

---

[1] 〔意〕贝卡利亚：《论犯罪与刑罚》，黄风译，北京大学出版社2014年版，第117页。

利犯罪学家龙勃罗梭基于长期的临床观察、人体解剖,在他的代表作《犯罪人论》中为这些群体画像。犯罪人是出生在文明时代的野蛮人,他们的身体特征表现出肉眼可见的有别于常人的返祖现象。

天生犯罪人的观念,与贝卡利亚开创的预防犯罪,强调犯罪与社会安全关系,密切相关。虽然天生犯罪人的观点在当时和现代都充满争议,然而,从一般的抽象人格转向具体个体,成为现代法学发展的一般趋势。我们讲到的具体个体,就是对于平等主体的区分,特别倾向于实质不平等状态下的个体,比如我们为消费者立法,为中小企业立法,为残疾人立法,为妇女儿童立法。

现代刑罚学家李斯特在《德国刑法教科书》中重述贝卡利亚的观点,犯罪是对法益的侵害,通过刑法惩罚犯罪的根本目标是保护法益;并在批评龙勃罗梭与菲利关于犯罪原因的观点基础上,提出了犯罪原因二元论——犯罪是由实施犯罪行为的人的特性,加上周围环境影响所产生的——以及刑罚个别化的观念。李斯特指出,刑罚在任何历史

龙勃罗梭(Cesare Lombroso,1835—1909)

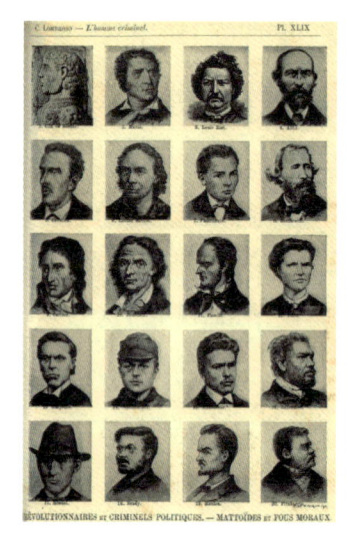

龙勃罗梭《犯罪人论》插图

阶段都是对犯罪的明确而有目的的社会反应，是社会保全自身的基本手段，所以，任何一次刑罚的发动都蕴含着特定的目的，都是针对性极强的行动。刑罚是为了保全社会而对具体而危险的犯罪人所施加的"教育"，以促使其回归社会，所以应当特别重视对犯罪人本身的改善，以预防其再犯罪。同时由于各个犯罪人对社会的危险性以及对社会的适应性有很大的不同，所以应特别倡导刑罚的个别化。看上去，刑罚个别化的理念中仍然存在圆形监狱中的"个别监禁"和"调控中心"，但与福柯关于"权力目光"的解读不同，它不再是为了效率，而是为了对犯罪个体和社会进行同样的保护。

精神肖像

马斯登·哈特利与孟德斯鸠

德国军官的肖像

我们现在看到的这幅画名为《一个德国军官的肖像》，它是由美国画家马斯登·哈特利（Marsden Hartley, 1877—1943）于1914年创作的，现在收藏在大都会艺术博物馆。这是一幅很大的画，有173厘米高，105厘米宽。虽然画名为《一个德国军官的肖像》，但整幅画却没有表现人物的身体、面容、服饰、姿态，而是由图案、线条、字母、数字和色彩构成的。

在《詹森艺术史》对哈特利及这幅画的介绍中，我们了解到，这位美国画家艺术风格的形成，源于他1913年游居柏林，受到雅各布·波墨

马斯登·哈特利《一个德国军官的肖像》，创作于1914年，现藏于大都会艺术博物馆

（Jakob Boehme，1575—1624）等德国神秘主义者著作的影响。[1] 神秘主义者波墨认为，万事万物处于永恒的精神统一之中，而精神隐藏于可见的世界，通过可见世界中的具体事物表现出来。受到这一思想观念的影响，哈特利创作出充满精神内容的绘画，《一个德国军官的肖像》就是其中的代表作品。在这幅画中，我们看不到这位德国军官的身体、面容、服饰、姿态，看见的是体现人物特征和精神的象征物。

画面左下角的字母，是这位德国军官的名字——卡尔·弗莱伯格（Karl von Freyburg）的首字母缩写，他是第一次世界大战中首批牺牲的战士之一，我们注意到这个创作时间是1914年，即第一次世界大战爆发的那一年，画面右下角的数字24，就是这位德国军官牺牲时的年纪。画面中，自上而下，其中最醒目的图案是嵌于金色三角形之内的黑色十字，它是铁十字勋章的十字型图案，是德国一战时荣誉的象征。当时，军人获得一枚这样的勋章非常困难，需要在战场上有数次英勇的行为。同时，我们看到画面上还有一些德国军用设备的象征物，有头盔、武器、军龄袖条、旗帜、饰章等，以及弗莱伯格的日常用品，白色的酒瓶或是水瓶，白底红十字图案代表战时保护和救治的中立机构，弗莱伯格可能因战时受伤而死。

哈特利试图通过这幅画表达和传递的是：一个24岁的德国年轻人为了国家荣誉，英勇牺牲。他的面容和身体可能已经在炮火中灰飞

---

[1]〔美〕H. W. 詹森、J. E. 戴维斯等：《詹森艺术史》，艺术史组合翻译实验小组译，湖南美术出版社2017年版，第975—976页。

烟灭，但使弗莱伯格真正成为一个德国军官的，是这些精神象征物。

民族精神的肖像

德国历史法学家萨维尼是否如画家哈特利一样，受到了波墨精神决定论的影响，我们不得而知，然而，在他的法学论说中，我们发现了同样的思想。法律同样处于一种统一的精神之中，这种精神隐藏于各种各样的法律现象中，并通过具体的条文、案件、判决意见、法学家解释，通过人们之间习惯的行为方式、解决矛盾的方式表现出来，法律是一个民族信念、意志和精神的体现。萨维尼如此说：

萨维尼（Friedrich Carl von Savigny, 1779—1861）

> 在我们首先发现成文法的地方，民法已经具有一种确定的特性，即民族的特点，犹如民族的语言、风俗、典章。这些现象不是孤立的存在，是本性上不可分割地连在一起的民族的诸种单个力量和活动。把它们连成一个整体的东西，是民族的共同信念。法如同语言一样，存活于民族的意志之中。[1]

---

[1] 〔德〕萨维尼：《历史法学派的基本思想（1814—1840年）》，〔德〕艾里克·沃尔夫编，郑永流译，法律出版社2009年版，第5页。

法律是在历史、生活和习惯中生长起来的，而不是单纯的法学家的创制，因此法学家的工作就是首先要去发现我们民族的精神，在立法之前明确这些法典之外的东西——历史、生活、习惯和精神。萨维尼这样说：法典不可能涵盖每一个案件的解决条件，"司法表面上由法典控制，实际上是其他位于法典之外的东西来决定的，这些东西是实际起作用的法的渊源"。如果完全确信法典，那就偏离了真正的法的渊源。"在缺乏思考的情况下……一个没有内在使命的时代，通过尊重立法来确定对法的看法……是有害的。"[1]

因此，立法者需要密不可分地关联着整个过去，去寻找和研究法的素材，因为这些历史素材中蕴含着民族自身的禀性，而法典、法条和一切对法律的解释，都需要这个总的精神的指引。

然而同时，萨维尼指出，强调民族历史、民族精神，不是盲目地高估过去，传统的力量不是统治性的力量，需要对流传下来的东西重新审查，给予怀疑，考察来源，展开萨维尼称之为"天性之法"的研究。

那么，接下来的问题便是，对于德国法学家萨维尼来说，什么是德国法学的精神，什么是德意志民族的精神？使我们感到惊讶的是，萨维尼倡导法学的历史研究和民族精神的研究，不是针对日耳曼民族历史、日耳曼法律历史，而是罗马法的历史。萨维尼这样说：

---

[1]〔德〕萨维尼：《历史法学派的基本思想（1814—1840年）》，〔德〕艾里克·沃尔夫编，郑永流译，法律出版社2009年版，第13—14页。

> 在罗马法的特别运用中……目的不在于致力于罗马法对我们的不合理的统治，而是在我们整个的法律状况中，发现和确定事实上罗马法的源头是什么，以便我们不是无意识地受其统治……排除那些罗马法要素中死亡的东西……使仍具活力的罗马法要素发展。[1]

> 理论的知识应存在于理论的各种具体支撑之中……他应当在实践工作中能动地掌握那种学术的意义，把法学正确地理解为，在个案中意识到的和应用东西的总结……如果我们愿意正确地运用罗马法，那它恰恰能为此承担最重要的工作。在罗马法学家那里，实现了天然的统一。[2]

萨维尼所强调的罗马法，并不是日耳曼民族历史的产物。然而，罗马法却是德国当时适用法律的重要组成部分。在19世纪初期，罗马法是适用于德国各邦国的有效的共同法。并且，德国各邦国的地方性法律中也含有大量的罗马法。罗马法作为德国法有效的法律渊源，可以追溯到神圣罗马帝国时期。在萨维尼看来，罗马法虽然是一个异域因素，但已经成为德国法律传统的一部分。中国的传统

---

[1] 〔德〕萨维尼：《历史法学派的基本思想（1814—1840年）》，〔德〕艾里克·沃尔夫编，郑永流译，法律出版社2009年版，第27页。
[2] 〔德〕萨维尼：《历史法学派的基本思想（1814—1840年）》，〔德〕艾里克·沃尔夫编，郑永流译，法律出版社2009年版，第30—32页。

文化也存在同样的情况。印度佛教自汉代传入中国，经过传播和发展，融合儒家、道家的思想，实现了佛教的本土化，成为中国传统文化的一部分。

神圣罗马帝国的名称源于当时作为蛮族的日耳曼人对罗马的仰慕，日耳曼人希望得到罗马教会的认可，成为罗马帝国的继承人。而罗马教会也需要新兴力量维护自己的地位和利益，于是与日耳曼人联合。其中的法兰克王国缔造者查理曼，得到了教皇的加冕，被称为"神圣罗马皇帝"。后来法兰克王国分裂，其中的东法兰克王国即后来的德国，再次与罗马教

神圣罗马帝国国旗

皇联合，962年，奥托得到当时罗马教皇若望十二世的加冕，获得"神圣罗马皇帝"的称号，建立神圣罗马帝国。奥托沿用了罗马帝国的雄鹰标志和色彩。黑色、黄色、红色，这也是现代德国国旗的色彩，这些色彩和哈特利画中大量使用的色彩是一致的。

茨威格特、克茨在《比较法总论》中讲到德国的历史，感慨15世纪中叶德国对罗马法律制度和概念的广泛接受，以及促使法律思想的科学化，如此规模是其他民族没有经历的。除了德国与罗马的历史渊源，他还在德国当时的政治环境中寻找答案。克茨认为，当时德国缺少统一的政治权力和司法机构去整理自我历史中的法律和法学，没有奠定一个

《比较法总论》书影

自我的同一的法律基础，地方法律零散纷乱、复杂多样，于是罗马法"涌入了这个真空"。[1]

虽然罗马法是德国法律历史的组成部分，但茨威格特、克茨在评述萨维尼观点及其与蒂堡的论战时，也不无质疑和批评萨维尼重返的历史并不是真正的历史，而仍然是理性：

> 他（萨维尼）和历史法学派均回头将注意力放在历史发展中的法律上。萨维尼在此承认日耳曼法律渊源曾在这种发展过程中产生过重要作用……然而他本人和他的追随者们却总是仅仅专心致志于研究罗马法……以法学向古典法的返璞归真作为最高的教育价值标准。这种罗马法的理想化使萨维尼及其追随者产生了这种绝非历史的观点：罗马人所创造的法律形式和制度当属于一种较高及较纯的概念——思想世界，并且具有永恒的效力。但是，即使是罗马法也不过曾是实现共同体生活的一种理性秩序的手段，因而不能不看到它本身的存在变化对罗马时代的社会、经济和文化条件的依赖，而对此当时他们却未置可否。[2]

在茨威格特、克茨看来，萨维尼回到的历史，不过是罗马法的概念形式，即普遍的理性秩序。可是回到历史，就可以发现一直延续到

---

[1]〔德〕茨威格特、克茨：《比较法总论》，潘汉典等译，中国法制出版社2017年版，第255页。
[2]〔德〕茨威格特、克茨：《比较法总论》，潘汉典等译，中国法制出版社2017年版，第264页。

现代的精神吗？特别是回到罗马法的历史，就可以发现日耳曼民族的精神吗？

萨维尼晚年致力于罗马法的研究，没有提供更多的答案。然而，萨维尼历史法学的思想和主张，开启了德国学界对民族历史和民族精神的普遍反思。1859年，德国历史学家创办的《历史杂志》，成为宣扬德国民族精神的阵地。1893年，迈内克（Friedrich Meinecke，1863—1954）成为这个杂志的主编。他见证了普法战争中德国的胜利、俾斯麦的统一、两次世界大战和战后德国的分裂。他在代表作《德国的浩劫》中深刻地思考，什么是德国的民族精神？法西斯专政和极权也是源于德国民族文化传统吗？迈内克为德国传统文化辩护，他认为不是传统文化，而是军国主义和极端民族主义，成为法西斯专政和极权的根源，而恰恰是传统文化可以成为疗治战后德国创伤的良药。[1] 这让人想起《朗读者》中的隐喻，古典文学阅读和主人公对祖国罪行与爱人罪行的反思交织在一起，他多年后在狱中与汉娜见面时，特别去问，阅读给汉娜这个曾经的纳粹犯人带来了什么样的思想触动。

《近代德国及其历史学家》是法国历史学家安托万·基扬（Antoine

《德国的浩劫》书影

---

[1]〔德〕弗里德里希·迈内克：《德国的浩劫》，何兆武译，商务印书馆2012年版，前言。

Guilland，1861—1938）于1899年，对普法战争后的德国进行分析和预言的著作。他列举了各时期历史学家对德国民族精神的观点和看法，指出未来德国可能的军国主义倾向，从四个方面勾勒了当时德国民族精神的肖像——国家至上的观念；政治生存的敏感性；民族主义；国家化的军事训练产生的责任感和献身精神。它不是一个自我本性中生成的品质，而是伴随着应对自我处境，有意识强化的品质和能力。

《近代德国及其历史学家》书影

基扬将这种有意识的训练追溯到1807年，弗里德里希·威廉三世时期辅政大臣施坦因男爵的改革。施坦因认为，普鲁士想要真正强大，首先应进行精神方面的改革——向人民灌输他认为民族生存必不可少的美德和优点，如责任感、献身精神、爱国主义精神。这些改革首先始于学校和兵营。施坦因的助手沙恩霍斯特少校这样说："我们过去曾认为战争技术比军事品德更重要，但这总是导致国家的崩溃。勇敢、献身精神和坚韧的意志是一个国家独立的根基。只要我们心中不再有这些品德，一切都会失去，即使是在大获全胜的时候。"[1]

萨维尼的学生，德国语言学家雅可布·格林和威廉·格林兄弟，将民族精神的探究追溯到更久远的历史，他们在日耳曼传说故事中，

---

[1] 〔德〕安托万·基扬：《近代德国及其历史学家》，黄艳红译，北京大学出版社2010年版，第9页。

精神肖像 223

发现了理性主义、国家至上之外的德国民族精神肖像的另一侧面。在收集这些史料时,他们不是机械照搬,而是在忠实记录的基础上,呈现其中的意义和精神,集成《格林童话》。

《格林童话》展现了一个与概念理性、国家至上、民族主义完全不同的德国人的精神世界。童话中,无论人物还是动物,都善恶分明;故事情节的设计跟随着明确的道德指向;当主人公在一番奇妙的人生经历和冒险之后,善良终将战胜邪恶,老实的好人一定会收获甘甜,公主王子从此幸福地生活在一起,充满乐观和理想化。这些故事蕴含着日耳曼人孩子般纯真的精神气质、探索神秘并渴望冒险的性格特质,以及基督教爱人的情感和教义。

《格林童话》原本被用于科学研究,用以研究日耳曼民族精神,却成为经典儿童读物,长盛不衰,这是一个很有意思的问题。孩子般的纯真是不能持久的,因为孩子终有一天会长大,他的孩童时期的精神气质会发生变化,究竟哪一些精神气质是天生的、稳定的、永恒不变的,古今中外的思想家、科学家众说纷纭。然而,精神气质会受到外界环境的影响而发生变化,这已经形成普遍的共识。

法律精神的肖像

民族精神决定法的样式,而环境影响民族精神,我们把这一思想的源头追溯到法国启蒙思想家,孟德斯鸠《论法的精神》。在路易·戴格拉夫《孟德斯鸠传》中,我们了解到,1728—1731年,孟德斯鸠游历德国、奥地利、意大利、荷兰、英国，考察各国制度和法律，参观名胜古迹和艺术博物馆，与学者和作家往来交流，他还曾结交过一个当时在法国求学的中国人黄嘉略。[1] 书中的观点和见解是他多方游历和大量阅读文献资料的产物。

在最广泛的意义上，万事万物都有它的法则，各存在物之间有一种必然的关系，

孟德斯鸠（Montesquieu, 1689—1755）

这种必然的关系就是孟德斯鸠定义的广泛意义上的法，法是理性的凝结，是根本理性的体现。然而，在不同的国家、不同的场合，受到地理、地质、气候、人口、宗教、商业、风俗习惯的不同影响，万物之间的关系又会呈现不同的样式，这种不同的关系、样式就是法的不同的精神肖像。孟德斯鸠这样说："万物，有一个根本理性存在着，法就是这个根本理性和各种存在物之间的关系，同时也是存在物彼此之间的关系……创造，虽然像是一种专断的行为，但是它必有不变的规律……在法律制定之前，就已经有了公道关系的可能性。"[2] 这种根本的理性——公道关系——就是自然法。就好像《格林童话》中对人性善恶的认识，它源于我们生命的本质。孟德斯鸠将这些法则归纳为：和平、寻找食物、相互爱慕和希望过社会生活。

---

1 〔法〕路易·戴格拉夫：《孟德斯鸠传》，许明龙、赵克非译，商务印书馆1997年版，第44页。
2 〔法〕孟德斯鸠：《论法的精神》，张雁深译，商务印书馆1959年版，第1—2页。

然而，孟德斯鸠指出，因为人的弱点和局限，人类世界不像自然世界的法则那样永恒不变，它会受到本性的限制，会犯错误，存在变化和变异。

在现实法律中，每个国家的实在法，只是把这种人类理性适用于个别的情况。所以，法律与它的一切政治环境、民俗环境甚至自然环境相互影响，如孟德斯鸠所说："法律应当同政体和原则有关系；应当同国家的自然状态有关系；应当同政制所能容忍的自由程度有关系；法律和法律之间也有关系。这些关系综合起来就构成所谓'法的精神'。这个精神是存在于法律和各种事物所可能有的种种关系之中。"[1]

首先我们来看由政治环境决定的法的精神。孟德斯鸠区分了三种政体，与之对应的是三个不同的法律精神的肖像。

第一种是共和政体，这是由全体人民或仅仅一部分人民握有最高权力的政体。在这种政体下，人们通过投票的方式选举代理人，并接受其领导。支持共和政体的原则和精神是品德。如果没有品德，一旦法律停止运行，国家就会陷入混乱。孟德斯鸠说："当品德消逝的时候，野心便进入，贪婪则进入，欲望改变了目标：过去人们所喜爱的，现在不再喜爱了；过去人们因法律而获得自由，现在要求自由好去反抗法律；每一个公民都好像是从主人家里逃跑出来的奴隶。"[2]于是共和政体下的教育便是热爱的教育，热爱法律和祖国。这种爱要求人

---

[1] 〔法〕孟德斯鸠：《论法的精神》，张雁深译，商务印书馆1959年版，第7—8页。
[2] 〔法〕孟德斯鸠：《论法的精神》，张雁深译，商务印书馆1959年版，第24页。

们不断地把公共利益置于个人利益之上，它构成了一切个体美德的根源。教育，就是要激发这种爱。

由全体人民握有最高权力的共和政体，与一小部分人握有最高权力的区分开，被称为民主政体。在民主政体中，除了美德的精神，构成民主政体的特殊的原则精神是平等和简朴。孟德斯鸠说，在民主政治下，真正的平等是国家的灵魂，财富的平等保持着简朴，而简朴保持着财富的平等。为了维持这种政体，在国家存在经营贸易的情况下，法律应当要求公民亲身经营贸易，随着贸易增加，调整财富的分配，使国家财富的分配在公民间尽可能平衡。

由一小部分人握有权力的政体，是贵族政治。除了美德，节制是贵族政治的灵魂。因为在贵族政治下，财富很不平等，容易产生嫉妒、怨恨，这是贵族政治的致乱之源，所以，法律应当尽可能鼓励宽和的精神。孟德斯鸠说："贵族们仪表上的谦逊与朴实就是贵族们的力量。当他们不矫饰任何高贵的样子时，当他们同平民混在一起时，当他们同平民穿相似的衣裳时，当他们让平民共同享受他们一切快乐时，平民便会忘记自己的贫弱。"[1]孟德斯鸠列举罗马倾向于贵族政体时的例子，节制和宽和的立法精神避免了不平等带来的弊端。"共和国内的主要人物和别人一样地纳税，他们甚至比别人纳更多的税；他们不但不分享国库的收入，反而分散给平民，这样使人们原谅他们所享有

---

[1] 〔法〕孟德斯鸠：《论法的精神》，张雁深译，商务印书馆1959年版，第60—61页。

的荣誉。"[1]孟德斯鸠还列举了一些避免贵族制弊端的法律手段,如禁止贵族经营商业、垄断贸易,废除贵族的长子继承权,使得贵族的遗产不断分割,尽量接近平民。

第二种政体形式是君主政体,这是由单独一个人执政,但依法执政的政体形式。在君主政体中,法律替代了共和政体中的品德,成为君主国的精神。有了基本法律,就需要有执行法律的在君主和人民之间的执行机构。这些中间机构的存废,是君主国和专制国区分的标志。这些中间机构包括贵族、僧侣、自治城市等等。它们是法律的保卫机构。孟德斯鸠指出,君主国必须有法院,建立等级、门第、出身的区别,使财产的性质发生差异,法律又增加这些差异。同时与法律精神并存的,还有君主国的荣誉,孟德斯鸠说:"荣誉像一个皇帝,统治着君主,也统治着人民。"[2]因此,君主不能凭借自己的意愿,而需要通过法律发布命令和治理,他也不能亲自审判案件。

最后一种政体是专制政体,专制政体的国家没有法律,也没有法律的保卫机构,单凭一个人的意志和性情统治的政体形式。在专制政体中,宗教可能是一种强大力量,如果没有宗教,除了专制者意志之外,还存在习惯。与专制制度联系最密切的是宰相制度和后宫制度。专制制度也存在法的精神,这种精神就是恐怖。如孟德斯鸠说,在专制国家里,"政体的性质要求绝对服从……绝无所谓调解、限制、和

---

[1] 〔法〕孟德斯鸠:《论法的精神》,张雁深译,商务印书馆1959年版,第62页。
[2] 〔法〕孟德斯鸠:《论法的精神》,张雁深译,商务印书馆1959年版,第33页。

解、条件、等值、商谈、谏诤这些东西……人们的命运和牲畜一样，就是本能、服从和惩罚"，"专制者把恐怖置于人们心里，把一些极简单的宗教原则知识置于人们的精神里"，恐怖压制人们的一切勇气，窒息一切野心，恐怖的目的是平静。[1]

与前两种宽和政体不同，专制政体没有多元权力的存在，也没有对权力加以规范和调解的法律与品德，"当一个人握有绝对权力的时候，他首先想要简化法律"[2]，在专制政体中，主权者只有敌对没有爱。孟德斯鸠说："在专制国家，国王的兄弟是国王的奴隶，又是国王的劲敌。专制国家的君主们子女太多，所以几乎不可能爱护他们，儿子们之间也没有兄弟之爱……帝王的家庭就像国家一样，它本身太软弱，而它的首领太有权力。它看来庞大，但瞬息就可能灭亡……"[3] 要形成一个宽和的政体（君主国和共和国并不必然就是政治宽和的国家，孟德斯鸠指出，只有在国家权力不被滥用的地方才存在），"就必须联合各种权力，加以规范与调节，并使它们行动起来，就像是给一种权力添加重量，使它能够和另一种权力相抗衡"[4]。由此，孟德斯鸠推论出他的权力分立的学说："一切有权力的人都容易滥用权力，这是万古不易的一条经验。有权力的人们使用权力一直到遇有界限的地方才休止。""从事物的性质来说，要防止滥用权力，就必须用权力

---

[1]〔法〕孟德斯鸠：《论法的精神》，张雁深译，商务印书馆1959年版，第32、39—40页。
[2]〔法〕孟德斯鸠：《论法的精神》，张雁深译，商务印书馆1959年版，第90页。
[3]〔法〕孟德斯鸠：《论法的精神》，张雁深译，商务印书馆1959年版，第75页。
[4]〔法〕孟德斯鸠：《论法的精神》，张雁深译，商务印书馆1959年版，第75页。

约束权力。"[1]

并且，在政治宽和的国家，品德和荣誉是如同实在法一样的约束力量，能够激励良好的风俗，预防许多犯罪，只有在立法、行政、司法权力分立的地方，才会有人的政治的自由和安全感。而专制国家的法律是残暴的，因为"人们的心灵，处处受到震惊，并变得更加残暴，只有用更严厉的残暴才能驾驭"[2]。

以上便是孟德斯鸠勾勒的不同政体下法的精神样式。维系共和政体的精神是品德，维系君主政体的精神是荣誉，维系专制政体的精神是恐怖。

不仅政治环境决定法的精神，同时，孟德斯鸠注意到，万物相互效力，地理环境和气候条件也与统治形式和法律精神相互匹配。寒冷和炎热对人体、感觉和神经产生不同的影响，继而产生不同的生活方式、不同的法律制度。孟德斯鸠观察到，专制政体往往产生于那些气候炎热的地方，孟德斯鸠解释说，炎热的空气使神经纤维的末端松弛，于是人心神萎靡，身体上的懒惰产生精神上的懒惰，静止与和谐成为一种哲学；同时酷热的天气使人们身体疲惫，并大大削弱了人们的勇气，所以只有惩罚的恐怖，才能够迫使人们履行艰苦的义务；气候炎热的地方，情欲早动而早衰，女子八九岁或十岁就可以结婚，理性并没有发育成熟，所以妇女们只好处于依赖的地位，如果宗教不

---

[1] 〔法〕孟德斯鸠：《论法的精神》，张雁深译，商务印书馆1959年版，第184页。
[2] 〔法〕孟德斯鸠：《论法的精神》，张雁深译，商务印书馆1959年版，第104页。

加以禁止的话,一个男人便遗弃发妻而另觅新欢,因而产生了多妻制;相反,如果结婚年龄迟,女子在结婚时已有了较多的理性和知识,所以很自然给两性带来了一种平等,于是法律规定一妻制。

宗教和风俗也决定了法的精神面貌。以孟德斯鸠对传统中国法的论述为例。他说:"中国的立法者们把法律、风俗和礼仪混淆在一起,他们的风俗代表他们的法律,他们的礼仪代表他们的风俗。中国立法者们主要的目标,是要使他们的人民能够平静地生活。他们要人人相互尊重,要每个人时时刻刻都感到对他人负有许多义务;要每个公民在某个方面都依赖其他公民。因此,他们制定了最广泛的'礼'的规则。因此,中国乡村的人和地位高的人所遵守的礼节是相同的,宽仁温厚,维持人民内部和平和良好秩序。""中国的立法者们所做的尚不止于此。他们把宗教、法律、风俗、礼仪都混在一起。所有这些东西都是道德。所有这些东西都是品德。这四者的箴规,就是所谓礼教。中国统治者就是因为严格遵守这种礼教而获得了成功。中国人把整个青年时代用在学习这种礼教上,并把整个一生用在实践这种礼教上。生活上的一切细微的行动都包罗在这之内。"既然宗教、法律、风俗、礼仪在传统中国融合在一起,存在千丝万缕的相互效力的关系,那么,孟德斯鸠设想,在这样的国度,一旦法律与道德分离,可能发生混乱。"一个公民,因为丧失了道德的观念,以致违反法律,刑罚可以把他从社会里清除出去。但是,如果所有的人都丧失了道德观念的话,刑罚能把道德重新梳理起来么?刑罚可以防止一般邪恶的许多后果,但是刑罚不能铲除邪恶本身。因此,当中国政体的原则被抛弃,道德沦丧的时候，国家便陷入无政府状态，革命便将到来。"[1]

孟德斯鸠没有到过中国，也没有踏足东方，他对中国和东方的想象来自传教士们的文献资料。这种想象最早见于使孟德斯鸠一鸣惊人的著作《波斯人信札》，孟德斯鸠以异域情调的虚构，批判法国现实中的种种不合理，与当时法国读者和欧洲读者对东方的兴趣发生共鸣。

书中记述了一个在波斯古都宫廷中长大的年轻人，为了求知，背井离乡，来到巴黎，其间与他的友人、黑人阉奴总管、白人阉奴总管以及他的美丽的总是让他担心她们贞洁而被看管和幽禁的妻子们，通过信件交换彼此的近况、见闻和感受。其中

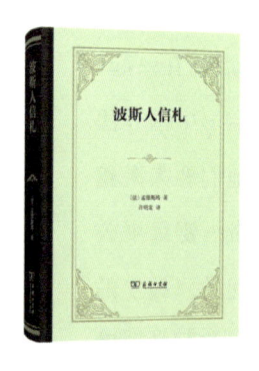

《波斯人信札》书影

的内容涉及：指示他的黑人阉奴总管看守后房妇女，与妻子们回忆旧日欢情，诉说别后相思，诉说阉奴总管的专横，对出国求学的郁斯贝克的议论，以及郁斯贝克解释出走的原因，探讨幸福，描绘阉奴的心理，奴仆对主人的情感，如何辨别物体的洁污，奥斯曼帝国的衰落，责备妻子与阉奴的亲昵，要求加强后宫监视，用讽刺的语调描绘巴黎见闻，讽刺路易十四及教皇，法国人的争辩，巴黎社交场所的众生相，传教士，上流社会所谓风趣之士的无聊，法国男女关系的放荡，法国女子的赌博狂热，巴黎的种种骗术，沙龙，法官的无知，以及调侃法兰西学院，巴黎时装，夸夸其谈并献媚女子的人，巴黎社会中女人的

---

1 〔法〕孟德斯鸠：《论法的精神》，张雁深译，商务印书馆1959年版，第373—375页。

地位、美貌，等等。孟德斯鸠通过书中人物反对酷刑、宗教迫害、决斗以及法律的任意和偏私，主张纯正的宗教经义和科学法则，对人类的未来、殖民制度、殖民的残酷、专制和暴政表达了深深的忧思。最后一封信是郁斯贝克其中一个妻子的绝笔信，信中她坦白背叛丈夫，勾引阉奴，在悔恨中服毒自杀，向丈夫郁斯贝克忏悔。全书就是由这些信件集合而成的，所以叫作《波斯人信札》。

到了19世纪，东方题材已经成为法国绘画的一个产业。画家安格尔（Jean Auguste Dominique Ingres, 1780—1867）也从未踏足东方，却热衷东方题材，特别是后宫妇女的裸体绘画。同孟德斯鸠对东方的想象一样，安格尔笔下的东方后宫女子裸体，没有思想、没有信仰，弥散着奢华的、慵懒的、肉感的、情欲的气息。宫女、奴隶以及宫廷畸恋的故事题材创作，仿佛都可以作为《波斯人信札》的插图。除了这种华贵香艳的气氛，《波斯人信札》中想象的东方宫闱秘事，也不

安格尔《大宫女》，创作于1814年，现藏于卢浮宫

断激发艺术家的兴趣,作为他们反复演绎的创作题材。

其中一个故事源自普鲁塔克《希腊罗马名人传》,安蒂阿克斯是中西亚的塞琉古王朝的王子,斯特拉托妮丝是王子继母、塞琉古国王的年轻美貌的妻子。王子爱上了继母,这种欲求不得的爱使他绝望,他决定绝食自杀。他的父王塞琉古请来宫廷医生为王子看病。名医找到了病因,并通过一段时间的观察发现,当王子的继母斯特拉托妮丝前来探望时,安蒂阿克斯就会出现明显的激动的情绪。医生把结论告诉了国王塞琉古。国王非常震惊,但为了挽救儿子的生命,最终把年轻的王后送给儿子做王妃。[1]

安格尔《安条克与斯特拉托尼斯》,创作于1840年,现藏于尚蒂依孔代美术馆

达维德《安条克与斯特拉托尼斯》,创作于1774年,现藏于巴黎国立高等美术学院

德拉克洛瓦的《萨丹纳帕勒斯之死》表达的是同样的情色故事。创作灵感源于拜伦的叙事性诗歌《萨丹纳帕勒斯》(1821年)。[2] 萨丹

---

[1] 〔古希腊〕普鲁塔克:《普鲁塔克全集 III》,席代岳译,吉林出版集团股份有限公司2017年版,第1621—1622页。

[2] 〔美〕弗雷德·S. 克雷纳、克里斯汀·J. 马米亚编著:《加德纳艺术通史》,李建群等译,湖南美

纳帕勒斯，亚述的最后一任国王兵败，叛军就要进攻宫殿，国王命令黑奴杀死全部美女、奴隶和马匹，房间里奢华而凌乱，国王坐卧在床上，毫不动情地凝视着血泊里的一切。杰罗姆的《坎道列斯国王》源自希罗多德《历史》，国王坎道列斯向他最亲近的朝臣古格斯吹嘘王后的美丽，并坚持安排他偷偷观看，古格斯不敢偷看，又不敢违背王命，于是遵命藏在卧室，看到了王后的裸体，在他要悄悄离开的时候，却被王后发现。王后让他选择自己死或是杀死国王，古格斯选择后者，成为新的国王，并娶了这位王后。[1]

德拉克洛瓦《萨丹纳帕勒斯之死》，创作于1827年，现藏于卢浮宫

杰罗姆《坎道列斯国王》，创作于1859年，现藏于庞塞艺术博物馆

可是，哪位画家真的能够

术出版社2013年版，第677页。
[1]〔古希腊〕希罗多德:《历史》(上册)，王以铸译，商务印书馆1959年版，第4—8页。

进入东方宫殿的浴室、卧房？在 18、19 世纪西方的殖民时代，文学、绘画甚至依据文献资料的社会科学写作都不免在所见的东方形象中笼罩一层朦胧的华丽的光晕。热衷后宫题材的创作，体现出这一时期西方观看东方的欲望的眼光。

现代艺术与现代思想中的"事实"与"真实"

传统中国绘画与欧洲绘画相比，表现出较大的差异。这种差异首先体现为技法和风格的不同。中国古代画家追求神似和写意，使用点线结构，不同于欧洲绘画讲究的透视、光影、色彩；中国传统绘画采用比兴和程式的表现手法，山水花鸟画不在乎山水之间，而在借景咏志抒情，程式的运用目的也不在外形的相像，而在使气韵生动，完全不同于欧洲绘画的严格的写实主义。

顾恺之《洛神赋图》卷宋摹（局部），现藏于故宫博物院

仇英《汉宫春晓图》（局部），现藏于台北故宫博物院

  然而，从印象派画家开始，比如莫奈、马奈，特别是后印象派画家塞尚、梵高、高更，欧洲绘画从写实主义要求的呈现视觉中的客观真实，转向强调融入画家的自我感受、主观情绪而呈现的视觉对象。现代绘画作品以毕加索为代表，以更具象征意味、抽象意味的线条、色彩去表达、呈现出一个完全变形的世界。这个变形的世界体现了艺术家对于什么是事实，什么是真实的思考——超越视觉的现实，抵达理念的真实。这不禁让我们想起了柏拉图洞穴寓言中讲述的两个世

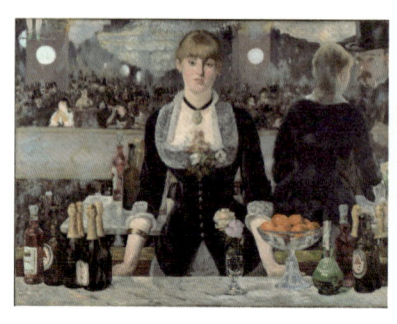

马奈《女神游乐厅的吧台》，创作于1881—1882年，现藏于考陶尔德艺术学院画廊

梵高《吃土豆的人》，创作于1885年，现藏于阿姆斯特丹梵高博物馆

高更《我们从哪里来？我们是什么？我们往哪里去？》，创作于1897年，现藏于波士顿美术馆

界。超越视觉的现实，抵达理念的真实，这些变形的构图，并不是对写实主义的完全抛却，而是意味着写实主义进入了一个新的阶段。

毕加索在为他的朋友（也是其赞助人）格特鲁德·斯泰因创作肖像画时，记录了日常生活中一个真实的观看体验——我们能不能在反复的观看中，完全、彻底地看清楚一个人样貌呢？即便是自己，在照了无数次镜子之后，对自己的长相好像也很难形成一个清楚的、稳定的记忆和认识。委托人斯泰因在毕加索的画架前呆坐了几十次，毕加索仍

毕加索（Pablo Picasso，1881—1973）

然没能完成这幅作品。他对画作对象说："当我看你的时候，我却怎么也看不见你。"[1] 毕加索把这种感受投射在创作《卡思维勒像》的过

---

1 〔美〕弗雷德·S.克雷纳、克里斯汀·J.马米亚编著：《加德纳艺术通史》，李建群等译，湖南美

精神肖像 239

毕加索《卡思维勒像》，创作于1910年，现藏于芝加哥艺术中心

毕加索《亚威农少女》，创作于1907年，现藏于纽约现代艺术博物馆

程中，他把数次投向画作对象的目光所见的，诚实地用画笔记录下来，最终呈现出来的，是完整的体貌特征被分解的视觉碎片，重重叠叠在一起，并通过新的逻辑重新组合。

  研究毕加索的最著名的专家罗兰·彭罗斯在看了这幅画后，曾作过这样的评述："每分出一个面来，就导致邻近部分又分出一个平面，这样不断向后移动，不断产生直接感受，这使人想起水面上的层层涟漪。视线在这些涟漪中游动，可以在这里和那里捕捉到一些标志，例如一个鼻子、两只眼睛、一些梳理得很整齐的头发、一条表链以及一双交叉的手。但是，当视线从这一点转向那一点时，它会不断地感到

术出版社 2013 年版，第 757 页。

在一些表面上游来游去的乐趣，因为这些表面正以其貌相似而令人信服……看到这样的画面，就会产生想象；这种画面尽管模棱两可，却似乎是真的存在，而在这种新现实的匀称和谐生命的推动下，它会满心欢喜地作出自己的解释。"毕加索的其他代表作品，如《亚威农少女》《格尔尼卡》，都是这一视觉革命的产物。

对感觉事实的重新审视，不仅构成现代艺术与传统艺术的分野，也成为美国现实主义法学学者同样关心的司法实践问题。美国现代法学家弗兰克区分了诉讼过程中的两种事实：一种是已经发生了的客观事实，另一种是被讲述、被认定的主观

弗兰克（Jerome N. Frank，1889—1957）

事实。如果过去已经不可能往复，如何重建已发生的损害与过去加害行为之间的因果关系？在法律历史上，人们一度求助神明裁判，西方直到 1215 年第四次拉特兰会议，规定禁止教士参与神明裁判，才终结了求靠神意获得法律事实和法律判断的方式。从此，人的理性参与到对过去事实的认定过程中，整个诉讼过程就好像一个时光机，全部的法律角色，就是要通过现存的线索，认识过去，回到过去，建立当下的损害与过去行为的因果关系。在司法判决书中，我们会发现，占有很大篇幅的部分，正是对过去事实进行认定的证据展示的部分。这个部分非常重要，因为适用法律的工作需要建立在首先查明事实的基础上。

然而，弗兰克质疑，通过这些所谓客观的证据、理性的程序，我们就能够获得最终的真实和真相吗？在弗兰克看来，就好像《卡思维勒像》一样，诉讼过程中回溯的事实，是诸多感官碎片拼凑起来的。虽然现代诉讼过程通过理性去回溯事实，但是由人去重新回溯的客观，永远无法剥离其中的主观色彩。

同毕加索非常诚实地去记录一个真实的观看过程一样，弗兰克揭示了美国司法过程中的"真相"——一个充斥着非理性的司法过程；并且，与毕加索的观看体验一样，弗兰克的讲述让人信服的原因，也在于他分析的司法过程中的非理性因素，包括情绪、偏见、人格，与每个人的切身感受和体验息息相关。无论是毕加索的肖像画观看哲学，还是弗兰克对法律事实的解构，他们的创见都提示我们，从法学的角度来说，如何越过理性层面的法律程序、法律话语去"看见"作为"人"而非纯粹法律角色在司法过程中的非理性因素，并把握、控制和减少这些非理性因素的干扰。艺术家和法学家对事实认识的创见，对于司法实践者来说是非常必要的警示和劝诫。

看见本质，就是视线对物的接触和把握。通过这种接触，我们获得了对外界的知识，或者说，我们以为获得了对物的认识和把握。我们愿意看美好的人和事物、更丰富的信息，因为通过"看"，满足了我们那种渴望"拥有"的感觉。而接触，就是某种程度的拥有、某种程度的把握，即便是眼神的接触。

但另一方面，通过观看获得的信息，就是被观看的对象的客观真实吗？想一想盲人摸象的故事，罗生门的故事，以铜为镜、以史为镜、以人为镜的故事。莎士比亚说，一千个读者有一千个哈姆雷特。鲁迅说，一部红楼梦，经学家看见《易》，道学家看见淫，才子看见缠绵，革命家看见排满，流言家看见宫闱秘事。苏轼在《题西林壁》中写："横看成岭侧成峰，远近高低各不同。不识庐山真面目，只缘身在此山中。"在蒲松龄的笔下，意志软弱的书生往往贪恋画皮的美貌，明明妖也，而以为美，明明忠也，而以为妄，愚而迷者不误。在汉语中，我们把眼口鼻舌耳等感官获得的外部世界，称为"现象"，而不是"现真"，它道出了通过感官获得信息的不完全和不可靠，如《金刚经》中说："一切有为法，如梦幻泡影，如露亦如电，应作如是观。"英文中的"See"也表明了看见的双重含义。怎样通过感官的看见，获得真正的看见，获得真正的懂得呢？

读心专家可以通过人的微表情和肢体动作，读出隐藏的真实信息；牛顿看到苹果落地，他最终从这一瞬看到的，是整个世界的运行法则。所谓科学，正是透过现象，认识本质，通过本质，再识别现象。真正的看见，需要获得"看见"两重世界的能力。第一重世界是感官看到的世界，是现实世界；第二重世界是现象之外的知识体系的世界。柏拉图最早在《理想国》中讲述了这样的两重世界。

这幅图像根据柏拉图著名的"洞穴寓言"而绘制。我们看，第一重世界是洞穴中的世界，是通过感官感知的世界，柏拉图称之为"可见的世界"。洞穴之中，那些世世代代被绳索铁链固定的囚徒，在墙壁上看到的是身后的火把和木偶摇晃投射的影像，他们把幻想看作真实；第二重世界是那个偷偷从洞穴中逃出来的人看到的洞穴之外的

柏拉图的洞穴寓言

世界，这个世界象征着柏拉图所说的通过理性获得的"可知的世界"，那是被真理（太阳）照射的世界。对于这个世界的认识，是那个从洞穴中逃出来的人，在太阳下闯荡，逐渐获得的理念世界中的真理。柏拉图认为，通过理性的力量，不仅能够看到"可见的世界"，而且可以看到"可知的世界"。柏拉图这样说：

> 一个人能够认识许多美的东西，但不能认识美本身……他的一生如在梦中……相反的一种人，这种人认识美本身，能够分别美本身和包括美本身在内的许多具体的东西，又不把美本身与含有美的许多个别东西，彼此混淆……他是完全清醒的……我们说能有这种认识的这种人的心智具有"知识"，而前一种人，只有这样或那样的"意见"。[1]

当一个人企图靠辩证法通过推理而不管感官的知觉，以求达到每一事物的本质，并且一直坚持到靠思想本身理解到善者的本质时，他就达到了可理知事物的顶峰了，正如我们比喻中的那

---

[1]〔古希腊〕柏拉图：《理想国》，郭斌和、张竹明译，商务印书馆1989年版，第219页。

个人达到可见世界的顶峰一样……这个思想的过程叫做辩证的过程……从桎梏中解放出来,从阴影转向投射阴影的影像再转向火光,然后从洞穴里上升到阳光下……看见水中的神创幻影和真实事物的阴影……转向而看见物质世界中最明亮的东西那样……我们必须要看见的实在就是某一这类的东西。[1]

一切由人完成的记录,特别是绘画、雕塑、电影等艺术创作中的图像,甚至包括地图、照片、视频录像,都必然留下人在记录所认识对象过程中主观的痕迹。人与所要认识的外界,与所要认识的对象之间,其实永远存在一种距离感。正是这种距离感,赋予人文社会科学以魅力。在阅读这些记录时,我们不仅可以从中读出"客观",而且,相比自然科学对图像的研究,人文社会科学中的图像研究更倾向于解读记录过程中的"主观",也就是记录者在记录时有意或无意蕴藏在图像之中的思想观念和情感倾向。如丰子恺说,法律通过严肃的外在表达严肃的内在,艺术通过生动的外在表达严肃的内在。它们以不同的表达方式,表达了共同的思想主题。正是这些共同的思想主题,构成了法与艺术图像交互探索的起点和终点。

---

[1] 〔古希腊〕柏拉图:《理想国》,郭斌和、张竹明译,商务印书馆1989年版,第298—299页。

思想史视野下的人像信息与法律固化

人像信息记录方式的历史变迁：
特征读取与理性进程

意大利传教士郎世宁服务清廷期间，曾为乾隆皇帝和他最重视、最喜爱的12位皇后、妃嫔们画像。当我们赏析这件题为《心写治平》的画作，观看这12位女子时，我们最直观的感受恐怕是——她们太像了！这些女子穿着相似的衣冠，脸上呈现出一致的温婉宁静的神情。

艺术史学者陈葆真在解读这件艺术作品时告诉我们，其实画家用精细的技法，表现了每一个女子容貌和气质的个性，而服饰色彩和配饰规制的细微差异，以及她们在画中的出场顺序，也显示出各自不同的身份地位。至于乾隆皇帝的形象，他结合这件作品的题名说，收纳此图的木盒上所题的"心写治平"，道出了乾隆皇帝命人作画的深意，不是在炫耀他拥有这么多美丽的女子，而是想借此图向后人宣示，他不但修身有得、齐家有方，而且同时心怀治国与平天下的理想，以此

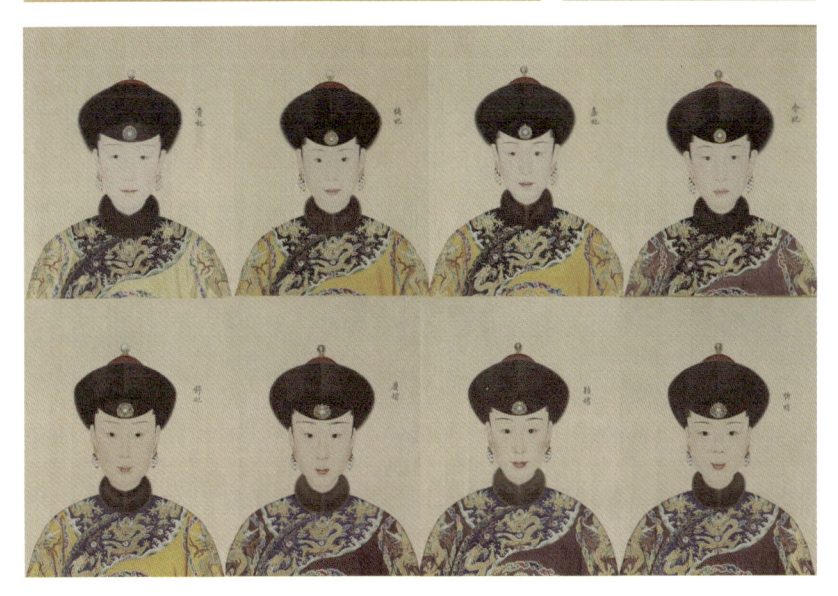

郎世宁及其弟子《心写治平》，创作于清乾隆皇帝在位期间，现藏于克利夫兰艺术博物馆

精神肖像 247

证明他是一个圣主明君。[1]

上述对《心写治平》的解读涉及人像信息的两个方面：物质形象和精神形象。物质形象是身体的、物理的、符合自然规律的，它对应于我们在画中观察到的人的面容、服饰、姿态等形象；精神形象是思想的、心理的、道德层面的，正如此时我们在脑海中存留的乾隆皇帝的形象，正是伴随着学者的解读和评价，以及与我们自身的共鸣，塑造形成的。

人像信息本身是瞬时的、流动的，但它可以通过一些载体或介质被记录和固定下来，正如我们面前的这件画作，记录了皇帝和他的皇后、妃嫔们的青春样貌。在历史中，类似的记录人像信息的载体和介质涉及眼睛、记忆、口头讲述、书面记录、绘画、雕塑、照片、视频以及网络时代的各种数据信息。现代社会中的人像信息及其记录方式和过去相比，发生了哪些变化，又存在哪些一致之处？

在照相机发明以前，获取面貌特征的主要方式是绘画。中国画师采取白描勾勒的手法，抓取人的面貌特征，从而达到以形写神的效果。正如画家在《心写治平》中的表现，既呈现出贵族女性在妆容、气质上的相似，又使彼此在容貌、气质上分别。刻画容貌特征的白描技法，广泛应用在中国古代的身份认证和刑侦过程中。孙皓晖所著《大秦帝国》，生动演绎了明人余邵鱼在《周朝秘史》中记述的商

---

[1] 陈葆真：《乾隆皇帝的家庭生活与内心世界》，北京大学出版社 2020 年版，第 154 页。

鞅因拿不出印有照身帖的户籍凭证而被店家拒绝留宿的故事；[1]取材于《东周列国志》的京剧传统剧目《文韶关》，同样讲述了因楚平王在楚国各地画影图形，缉拿伍子胥，伍子胥因焦虑无法过关，一夜白头的故事。[2]可见当时画像对于描摹人像特征的技术水平。

　　古代绘画技术如何实现"像"这种客观效果？与西方艺术中建立在数学原理之上的透视法一样，东方艺术中神对形的补充，同样存在关于脸部构造的客观认知。宋人所辑《麻衣神相》一书记录了古人对人面部的相当细致的区分。除了三庭五眼的一般比例关系，人的面部以鼻子为中轴线，自上到下被划分为13个重要部位，包括天中、天庭、司空、中正、印堂、山根、年上、寿上、准头、人中、水星、承浆和地阁，每一部位左右与其相对的还有其他部位，共计146个。[3]在清人丁皋所著画论《写真秘诀》中，作者频繁借用了这些相面术词汇，阐明画家为了达到"像"而运用的绘画技巧。[4]

　　现代的自动人脸识别技术（Automatic Face Recognition，AFR）同样是对人的物理肖像进行特征的提取，确定其人。20世纪60年代，布莱索（Bledsoe）以人脸特征点的间距、比率等参数为特征，

---

[1] ［明］余邵鱼:《周朝秘史》，浙江出版集团2013年版，第九十九回。"鞅走至函关，天色将昏，扮为商旅投宿，店主求照之帖验之。鞅曰：'吾无照身帖。'店主曰：'吾邦商君之法，不许收留无帖之徒，如有受者，与无帖之人同斩，决不敢留！'商鞅叹曰：'吾设此法，而今乃及自身，所谓立法自毙耳！'又投它家，皆要验帖，俱各不收。"

[2] ［明］冯梦龙:《东周列国志》，贾太宏译注，西苑出版社2016年版，第456—457页。

[3] ［宋］麻衣道者:《图解麻衣神相》，金志文译注，世界知识出版社2010年版，第4页。

[4] ［清］丁皋:《写真秘诀：传统肖像画技法解析》，浙江人民美术出版社2021年版。

"建成了一个半自动的人脸识别系统"[1]。1973年，金出武雄（Takeo Kanade）基于人脸器官几何形状和相对位置，"第一次描述了一个完整的人脸识别系统"[2]。当下广泛应用于电子商务、电子银行、网络安全等领域的智能人脸识别系统，将待识别的人脸与数据库中的已知人脸进行比较，得出相关信息，其检测和比较同样建立在包括人脸的几何特征（如欧式距离、曲率、角度等）、代数特征（如矩阵特征矢量）和固定特征模板等方法上。[3]

相比传统的识别方式，人工智能技术对人的物质形象的识别效果更为精准和高效。人脸与其他生物特征，包括指纹、虹膜等一样，具有唯一性和不易复制的特性，而人脸识别技术正是建立于此。相比其他生物特征，人脸识别具有特别的优势，这些优势包括：人天生对脸部信息敏感，所有人类身体构造和精神素质的同一性，以及仅需摄像头这一硬件设备而无需用户配合即可完成的便利性，等等。[4]通过

---

1 转引自肖若秀、王志良编著：《机器智能：人脸工程》，机械工业出版社2017年版，第7页。
2 转引自邱建华等编著：《生物特征识别：身份认证的革命》，清华大学出版社2016年版，第28页。
3 肖若秀、王志良编著：《机器智能：人脸工程》，机械工业出版社2017年版，第1页。
4 关于人对脸部信息敏感的证据：在婴儿出生的几个小时内，研究人员就观察到他们对类似于人脸的模板有着特别的兴趣。M. H. Johnson, et al., "Newborns' Preferential Tracking of Face-Like Stimuli and Its Subsequent Decline", *Cognition*, vol. 40, 1991, pp. 1–19. 关于人脸识别便利性的论证：人脸识别利用摄像设备获取人脸图像信息，而不同于指纹识别或者虹膜识别，需要利用电子压力传感器采集指纹，或者利用红外线采集虹膜图像，这些特殊的采集方式需要用户的配合，容易引起用户的反感。以上信息均转引自邱建华等编著：《生物特征识别：身份认证的革命》，清华大学出版社2016年版，第24、26页。此外，关于人类身体构造和精神素质的同一性的证据，可见1872年查尔斯·达尔文（Carles Darwin）《人与动物的情绪表达》一书，达尔文基于对人表情的实证研究，包括涉及一些"未开化"民族的研究，发现对于同一精神状态，全世界的人都是用显著的同一性表现出来的。

计算机、光学、生物学、统计学等科学技术，人脸识别技术相比肉眼和记忆，极大地提高了对人像唯一性和不可复制特性的读取能力。随着技术的发展，这种读取能力逐渐摆脱了表情、年龄甚至面部遮挡物的限制，包括口罩、墨镜、头发、胡须等。[1]

数据技术的面容识别取代了密码、证件等传统验证手段，成为验证身份的更为便捷、更为准确的依据。古代海捕文书中的人像素描，也已与智能识别技术结合，继续发挥其辅助办案的重要功能。数据资料显示，在3.0数据智能时代，人脸识别达到了"千亿级的水平"，可以实现"八千万动态布控""一万路摄像头实时归档""日均一亿张人脸自动更新""一年数据一秒处理返回"。[2]

然而，除了识别效率和准确率的极大提升，绘画和数据所记录的人的物理肖像共同建立在对人像"特征"的认识和读取能力之上，描述和记录人精神形象的传统方式和智能方式，也是如此。在前人工智能时代，描述和记录人精神形象的方式主要通过语言文字。礼制时代的人的精神特质，是通过记录者或讲述者对其品德的品评而显现的。司马迁在《史记》中以纪传体的形式，立足于品质特征的视点，描绘人物的政治关系、生平德行和志向，其笔法使已故去的历史人物鲜活生动、跃然纸上，作者对人物的评价和判断既明确体现在以"太史公

---

[1] 况朝青等：《基于边缘计算中极端姿态和表情的人脸识别》，《电子技术应用》2021年第47卷第6期；徐遐龄等：《有遮挡环境下的人脸识别方法综述》，《计算机工程与应用》2021年第57卷第17期。
[2] 《新安防 真智能，2008北京安防展依图带你迈入人脸识别3.0时代》，http://news.cps.com.cn/article/201810/934361.html，最后访问日期：2022年10月5日。

曰"为起首的评语中，也委婉而微妙地隐含在细节描写、修辞手法和材料的筛选中。立足品质特征的书写风格表明，通过文字记录的人的精神形象的信息是有限的，既体现为被记录者的数量是有限的，文字记录的信息内容是有限的，它也限于记录者的主观立场。

在现代法律制度中，传统的通过语言文字记录、描述法律当事人的方式，仍然发挥着重要的作用。2014年，被称为"惠州许霆案"的惠州惠阳人民法院的刑事判决书中，特别论述了被告人于某水是一个什么样的人，对其人物经历、人物性格的详细陈述成为法律宣告其缓刑的重要证据之一。[1] 然而，语言文字对人精神形象的描述和记录在法律适用中存在很大限制。首先，现代法治精神要求法律判断建立在"行为"判断之上，不应受到行为人本身的身份、财富、品德等因素影响。这一要求既体现了法律平等的道德原则，同时也体现了法律判断对理性、客观的科学追求。况且人对人的描述不可避免地受到评判者本人的主观立场和情绪偏见的影响，美国现代法学家弗兰克曾对此问题予以精彩剖析和论述。[2]

---

[1] 判决书中记述说："被告人于某水的父母早已病亡，其与几个姊妹相依为命，生活困苦，不然，他也不会早早辍学外出打工谋生，以他的初小学历和人生经历，可以肯定，他对法律及其行为后果不会有高度清楚的认识，更不可能对这一法律界都存在争议的案件会自认为是盗窃犯罪。既然他不可能明确辨认自己的行为及其后果，我们也可以想象，对于一个穷孩子来说，几乎是从天而降的钱财对他意味着什么?! 我们不能苛求每一个公民都具有同等的道德水平和觉悟。同时，被告人取了钱带回老家，除了给弟弟一些钱，剩下的也一直不敢乱花，这说明他对社会管理秩序还是心存畏惧，被抓获之后，被告人随即全部退清所有款项，我们觉得，这孩子仍心存良知。"广东省惠州市惠阳区人民法院刑事判决书（2014）惠阳法刑二初字第83号。

[2] 陈皓：《弗兰克：司法审判中的人格偏见和非理性因素》，《人民法院报》2019年8月2日，第6版。

数据对人的精神形象的记录方式则大大突破了这些限制。各种不同的数据库留存了与我们直接相关的各种信息。喜欢什么、不喜欢什么、去了什么地方、见了什么人、谈了什么事、买了什么东西,当我们把这些数据全部关联起来,就会拼凑出数据视角中的"我"的形象,一个令自己吃惊但或许接近真相的"我"——这一形象融汇了人精神世界中的相当一部分有关理性、欲望和情绪的个性化的信息。相比文字记录精神肖像的主观色彩,由数据关联起来的数据人像,对于人的精神品格的反映,更为客观真实。已适用于某些司法领域的算法技术的实践效果表明,人工智能的判断,避免了人性的主观立场和情绪偏见,相比传统的语言文字对人精神形象的描述和记录方式,更为理性客观。[1]

以算法为核心的人工智能强大的理性认知能力,建立在演绎、归纳、溯因等逻辑思维方法之上。特别是溯因法(贝叶斯推断)将认知的直觉和创造力融入逻辑推理中。同时,互联网中海量的数据信息为智能判断源源不断地提供着原始素材。数据显示,社交网站的鼻祖Facebook拥有"20亿用户",这些人"每小时"产生"上千万篇帖子""数以百万计的照片、点赞和互相关注",算法可以利用这些数

---

[1] 如在美国 21 个司法管辖区使用的 COMPAS 算法。该算法结合了被告人的犯罪记录,比如第一次被捕的年龄和现在的年龄、教育水平以及一个小时的问卷调查来预测他们是否会再次犯罪,以判断是否给予假释。〔瑞典〕大卫·萨普特:《被算法操控的生活:重新定义精准广告、大数据和 AI》,易文波译,湖南科学技术出版社 2020 年版,第 52 页。

据在"数百个的维度上"对我们进行建模画像。[1]

数据画像的技术发展伴随着互联网商业发展的进程,它是精准信息服务的工具,是商业理性计划的一部分。近年来,数据画像在电子商务、医疗健康、旅游行业、图书馆等领域广泛应用。[2]个性化推荐的概念先于用户画像(User Persona)出现。1994年保罗·雷斯尼克(Paul Resnick)等发表论文,研究web应用程序之于用户项目选择的预测,通过衡量用户的相似性和项目的相似性,进行排序推荐,用以满足用户在过载信息(Information Overload)中高效获取最有兴趣的项目的普遍需求。[3]随后,阿兰·库珀(Alan Cooper)发表论文,提出用户画像的概念,用以更深刻地了解用户。阿兰·库珀指出,可以根据目标用户的大量的行为动机数据信息,构建目标用户的标签体系。[4]

所以,用户画像的具体表现正是建立在一系列数据之上的用户标签。[5]这些数据一方面源于用户的静态信息,包括姓名、年龄、性别、职业等,另一方面也包括用户在上网浏览、搜索时透露的生活习惯和消费行为等动态信息。算法模型对静态和动态数据予以分析,最终

---

[1] 〔瑞典〕大卫·萨普特:《被算法操控的生活:重新定义精准广告、大数据和AI》,易文波译,湖南科学技术出版社2020年版,第27—34页。

[2] 徐芳、应洁茹:《国内外用户画像研究综述》,《图书馆学研究》2020年第12期。

[3] 吴剑云、胥明珠:《基于用户画像和视频兴趣标签的个性化推荐》,《情报科学》2021年第39卷第1期。

[4] 吴剑云、胥明珠:《基于用户画像和视频兴趣标签的个性化推荐》,《情报科学》2021年第39卷第1期。

[5] 赵宏田:《用户画像:方法论与工程化解决方案》,机械工业出版社2021年版,第1—3页。

给用户打上"标签",就像绘画、人脸识别等方法通过对特征进行提取获得人的物理肖像一样,在此过程中综合的各种标签——"事实标签""模型标签""预测标签"正是此人精神肖像的高度提炼。[1]

然而,又与传统记录方式对人像"复制刻画"的功能不同,数据画像服务于对未来行为的"预测"。这些标签使消费者在企业面前"可视化",使得企业可以从用户留存的各类数据痕迹中,了解用户的行为原因,了解个体需求和偏好,从而预测、推荐、指导这些用户未来的消费方向。预测的准确性取决于算法模型的技术水平,对准确率的追求成为算法技术的研发方向。[2]

网络时代人像信息记录方式产生的变化,即高效、准确、日常化、普遍化,特别是预测能力,以及有待甄别的一些法律问题,包括造成歧视或侵害隐私的争议,使人们对该记录方式产生了恐惧心理——准确地说,这是人对强大智能理性潜在威胁的恐惧——引发了学者们呼吁通过法律规制人脸识别、用户画像的各种学说和各类方案。

正如我们在历史研究中论述的,网络时代人像记录方式的发展伴

---

[1] 用户画像标签建模主要包括四个步骤:首先,取得原始数据,包括用户的基本信息数据、网络爬虫等技术得到的用户网络行为数据等;其次,对原始数据进行统计分析,得到"事实标签",例如年龄分布、性别比例、购买频率等;再次,对事实标签进行建模分析,得到"模型标签",例如人口属性、产品购买偏好和用户关联关系等;最后,进行模型预测,得到"预测标签",主要是对未来数据的一种用户行为预测。参见徐芳、应洁茹:《国内外用户画像研究综述》,《图书馆学研究》2020年第12期。
[2] 马朋辉等:《用户画像构建研究》,《现代信息科技》2019年第3卷第6期。该文基于十万搜狗用户的搜索词条,采用 Stacking 分类模型对性别、年龄、学历进行预测,其中性别标签的精确度为 0.783,年龄标签的精确度为 0.584,学历标签的精确度为 0.601。

随着理性的发展，它与法律的发展方向是一致的。可是理性又不等于全知和完美，因为"理性的选择只依赖于到当时为止的感知序列"[1]。接下来我们将着重分析与人工智能人像记录方式相伴而生的两个法律问题，这也是法学家们忧心的潜在威胁——现代人像技术的分类鉴别机制可能产生歧视的问题，以及人脸识别系统和用户画像技术等对个人信息的多次使用可能产生的侵犯隐私的问题。我们的分析同样在历史的维度中展开。

人像信息评价方式的历史变迁：
从可视的等差秩序到看不可见的有差异的平等

无论是物质形象，还是精神形象，画像、文字或数据库去记录和留存人像的目的首先在于识别和评判。对于人像所有者来说，这些评判意味着什么？

首先，这种评判往往不是针对单一的个人信息，而是在与大量类似信息的分类鉴别中完成的。正如卢梭所说，人的社会化首先是视觉的，它伴随着"看见"他人，并同时在"比较"中完成对他人的评价。在情感层面，这种看法伴随着喜欢、讨厌、爱、恨、厌恶、嫉妒等复杂情感，这些情感又会反作用于人像主体，使他们承受对方的判断。如果说在原始时代，人的分类比较首先建立在生物性的特征上，即高

---

[1] 〔美〕Stuart J. Russell、Peter Norvig：《人工智能》，殷建平等译，清华大学出版社2013年版，第36页。

低胖瘦美丑健康与否，而到了身份的时代，法律通过家庭出身、财产和职业，明确了人在社会中的权利、义务、特权和豁免，建立了一个更加复杂精致的分类鉴别体系。

在身份时代，无论东方还是西方，身份在人像中具体并主要体现为服饰，不同的服饰既代表着不同的尊卑等级，又对应着不同的道德品行，体现了"身份化"社会成员的个体形象。[1]传统中国贵族出席重要场合的礼服冕服，其上或绣或绘的图案"章纹"代表了不同的尊卑等级，而在西方君主势力达到顶峰的时代，巴洛克艺术中人物肖像画鲜明展示了那一时代在奢华服饰映衬下的贵族阶层；在西方中世纪，佩剑是贵族的特权，而礼制时代的中国更是细致区分各类饰物象征的等级关系，对与衣冠服饰相配的宝石、珊瑚、水晶、金银等不同材质的金属玉石，标定等级，依礼配饰；礼制时代，合乎身份的服饰与穿着者的举止言行是一体的，并且更多的是对君子大人的举止言行要求；同样，在中世纪的西方，和贵族身份相对应的是一套有关行为举止、立身处世的社交礼仪；甚至情感表情也要与其身份相称，中国古代的丧服和丧礼是其典型体现；对情感的身份化的控制，同样体现在西方贵族的礼仪中，它要求含蓄、节制、理性化的情感表达。身份化人像的法律规范具有强制力，地位与服饰、配饰、举止、情感表达不相称便是僭越违礼。出于重农抑商的经济社会政策，自汉

---

[1] 李梅：《"身份化""艺术化"与"象法天地"：中国古代服饰的美学特征及深层原因》，《文史哲》2009年第2期。

代起，法律即对商人的服饰有着特别的限制要求；[1] 出于对犹太人的宗教偏见和种族歧视，16 世纪的意大利明确要求犹太人不得住在城内，并以佩戴红帽作为其身份记号。[2]

现代法治的精神恰恰是要打破建立在分类鉴别基础上的人的身份形象，理性人的形象正是在法律领域破除可见可感的人的一切差别。比较礼制时代的身份化人像，无论是人脸识别还是用户画像，现代人像的记录方式更强调"个性化"，淡化了"分类"的说法。但究其实质，目前应用于各个领域的人像信息，建立在同样的分类鉴别的基础上。并且，只有通过分类鉴别，人脸识别系统才能发挥作用。在安检中，系统只有首先对已经收集的人像信息打上不同的标签，当识别某一乘客面部特征后，对照这些标签，才能作出针对此人的处理决定。用户画像的运作机制，同样建立在制作标签、分类鉴别的基础上。2016 年 Facebook 的剑桥分析事件中，剑桥公司对用户及选民的分析，并不是针对 6000—7000 万之众的每个选民复杂多样的个性，而是将其逐一列入心理学家构建的五大人格特质，针对五大人格特质，精准

---

1 汉时贱商，锦、绣、绮、縠、絺、纱、縠，都在禁用之列（《汉书》卷一，《高帝纪》；卷二四，《食货志》）；汉时禁商贾服锦绣绮罗，成帝诏书云：圣王明礼制以序尊卑，异舆服以章有德，虽有其财而无其尊，不得逾制，故民兴行，上义而下利。瞿同祖：《中国法律与中国社会》，商务印书馆 2010 年版，第 167、190 页。

2 威廉·莎士比亚的戏剧《威尼斯商人》正是在这样的历史背景中展开的，这止是契约纠纷中犹太商人夏洛克索要一磅肉的心理原因——因社会歧视产生的恨与复仇。2004 年由迈克尔·莱福德执导的电影《威尼斯商人》在影片开始讲述了这一背景。

营销，推送竞选广告。[1]

  分类是判断的基础，并且服务于判断。在个性标签之外，目前被投诉的一些算法分类其实并没有跳脱身份时代简单的二元对立——男女、贫富、强弱、美丑、善恶等等，并且算法分类在这种二元对立中同样预设了尊卑、亲疏、褒贬、优劣……现实社会中的种种不平等和偏见，完整地裹挟其中。用于升级低分辨率图像的 PULSE 算法曾被指控存在种族偏见，因为它的面部采样系统使每个人看起来都像白人；[2] 谷歌利用人工智能技术开发的招聘引擎也曾引发性别歧视的争议，因为它向男性推送高薪工作指导服务广告的频率远远高于其向女性推送的频率；[3] 甚至在以去身份化著称的商业领域，为了达到针对性地推荐广告和商品的营利目的，互联网平台面对不特定用户，深度挖掘其数据肖像，给消费者构建出多元的社会身份，不同的手机型号、消费场所和消费频率带来不同的搜索内容和消费品价格。[4]

---

[1] 心理学家所谓的五大人格特质：经验开放性（openness）、尽责性（conscientiousness）、外向性（extroversion）、亲和性（agreeableness）、情绪不稳定性（neuroticism）。剑桥分析公司对五大人格模型做了浓墨重彩的介绍，声称它曾收集关于大量美国选民的数以百万计数据，而且能利用这些数据绘制一幅选民的人格画像，其丰富程度远远超过了性别、年龄和收入之类的传统特征所能完成的分析。〔瑞典〕大卫·萨普特：《被算法操控的生活：重新定义精准广告、大数据和AI》，易文波译，湖南科学技术出版社 2020 年版，第 30、35 页。

[2] 陈璐：《算法，隐藏的偏见》，《三联生活周刊》2020 年第 36 期，本期主题是"你有偏见吗？如何避免成为'乌合之众'"。

[3] 转引自〔英〕凯伦·杨、马丁·洛奇编：《驯服算法：数字歧视与算法规制》，林少伟、唐林垚译，上海人民出版社 2020 年版，第 94 页。

[4] 转引自〔英〕凯伦·杨、马丁·洛奇编：《驯服算法：数字歧视与算法规制》，林少伟、唐林垚译，上海人民出版社 2020 年版，第 95 页。

然而，现代人像技术中的分类鉴别机制，与身份时代的等差秩序有着根本的差别。首先，礼制时代的分类目的在于确立等差秩序，而且这种等差秩序的合法性以视觉化的方式强调出来。除了服饰这一可视的身份记号，为了达到惩罚和预防的社会控制的治理效果，古代法还采取肉刑标记的方式，在目标对象的身体上打下特定的记号以标注区别。《水浒传》中，高俅要薛霸、董超二人杀死林冲后，揭取林冲脸上的金印回来做表证，这里的金印便是古代法制建立的人脸识别技术。持这一观点的学者何家弘指出，作为查验制度的墨刑，并非中国古代社会的独特发明，《摩奴法典》《汉谟拉比法典》和19世纪的英国法、法国法等对此刑罚亦有规定。[1]

而现代人像技术中的分类的目的，并不是建立等差秩序，建立人与人之间的尊卑、优劣的政治关系，而是服务于国家安全或商业利益的目标。所以，在很多司法实践中，在判断是否存在歧视问题时，特别强调分类目的、算法目的。如果算法分类服务于计算的准确性，即便造成实质弱势一方的不利对待，也不能被认定为歧视。

其次，身份时代的分类更多建立在外在的特质之上，它表现为人在社群中展现出来的财富、权力、美德，或者家族传承；而现代人像技术的分类标准，更关注个体的特质，关注人的个性，关注人本身和内在的要素。以如下用户画像的解读为例。

这是一幅从网易大数据中选取的用户画像，和传统绘画肖像相

---

[1] 何家弘：《对墨刑的一点新认识》，《法学杂志》1986年第2期。

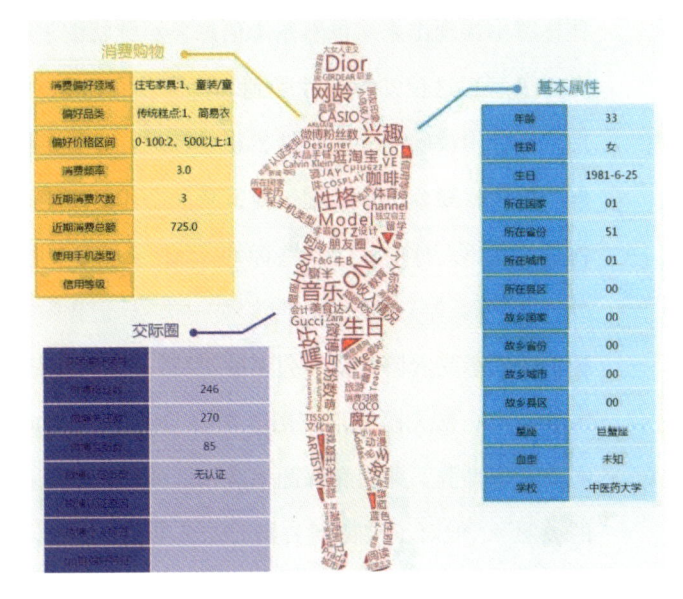

比，这一女性的服饰配饰和面容完全被体现其个性偏好的各类标签覆盖。标签大小体现了其偏好程度。这些标签首先包括各种服装品牌。画像中数量繁多、阶层不一的服饰品牌表明，这是一个

用户画像

喜欢穿着打扮，并且积累了一定时尚知识的女性。第二类数量较多的标签体现为各种休闲方式。喜欢发微博朋友圈，关注设计、时尚、音乐、旅游、美食类资讯，体现其追求内心体验和精神享受的生活方式。第三类是一些体现个性特点的标签。故乡标签表明其离家读书，学霸标签表明其学习成绩比较好，宅与蓝色的标签可推测她的性格比较安静。结合近期消费总额可以看出，她的消费频率不高，总额只有725元；社交范围不大，粉丝数量与其关注数量相差不多，且只有200余人。基本属性显示她的年龄为33岁，却仍然喜欢Cosplay和动漫，反映出她的社会阅历比较单纯，以及未婚和腐女标签反映出她比较独立的两性态度。由此，一个即将毕业的女博士或女博士后的形象从这

精神肖像　261

些标签中浮现出来。虽然基本信息显示她就读于中医药大学，但我们可以了解，这位知识女性受到现代商业文化和西方文化很深的影响。用户画像中反映的人物个性，正是各类标签、各种类型化的统合。

最后，和金印、烙印一样，算法时代给每个人贴上了标签，但与古代法制不一样的是，这些标签我们看不到，不像服饰、刑罚作用于身体。然而，与古老标记的效果一样，标记意味着区别对待，被不利标记的人承受着同样的不公正的对待，并且有时还对这种不利的对待浑然不觉。在人脸识别应用于安检的情境中，如果标签设定了刺青、光头、多耳洞，那么有如此体貌特征的乘客在安检时就会得到"特别的关照"，但对于被特别关照的乘客来说，他并不了解为什么自己单单被挑选出来，被迫接受反复的安检。

这是因为在看似中立、科学的人脸识别技术背后，隐藏着算法设计者预先的设定，以及这种设定可能自始包含了某种偏见。相比礼制时代在法律中予以明确的对人的分类标准，即差别对待既存的合法前提，算法之中的分类标准是算法工程师预设的条件，是现实生活中分类鉴别和认知方式的隐射，是算法和理性思维本身要摆脱的主观任意和偏见。正如弗兰克指出的，理性的法律程序因人的参与，混入了人格偏见和非理性因素，由人参与的算法过程同样不能够完全、彻底地理性运思。这并不是算法理性本身的问题，而恰恰是需要继续发展和强化算法理性，去克服主观任意和偏见。

人像信息呈现方式的历史变迁：
从拒绝打扰到保护表达

　　从人像展示主体的角度理解，人有呈现和展示形象，并获得尊重和认可的权利，当某组织或个体的偏见可能造成某种不公正的对待的效果时，存在获得法律平等保护的期待。同样，人也有拒绝呈现和展示自我形象的权利。在法律上，这种权利被定义为隐私。

　　人脸识别和用户画像的普遍应用，特别是在商业领域的应用，引发了学者们普遍对公民个人信息泄漏产生的忧虑。信息"泄漏"与数据本身的性质密切相关。与其他物质资源不同，数据可以在不同维度下不同算法中被重复利用，并且数据本身具有流动的特征，它也需要在不同的目标设定中，在机构内部和不同机构之间，不断与其他数据关联组合，生成新的结论。这样，公民个人的信息脱离了本人的控制力，而由一些看不见的权力主体不断为其"画像"。

　　即便没有实质的侵害，这种未知的注视本身也被视为一种"操纵"和"控制"。肖莎娜·朱伯夫（Shoshana Zuboff）从监视的普遍性这一角度观察大数据时代，她关于"监视资本主义"的观点，可以看作现代思想家福柯关于边沁圆形监狱的解读在大数据时代的延伸。而且，相比福柯的时代，大数据时代对隐私的威胁更加强烈，因为看不见的权力并不止步于监控，其真正目标在于通过了解人，继而预测和塑造人。按照现在机器计算能力和它的增速，在不远的未来，政府和企业可能会收集和使用人类生活中几乎所有方面的行为方式的数据。大数据和人工智能的创新使得了解人和预测人越来越容易。

然而，福柯和肖莎娜·朱伯夫关于权力主体与监控压力的解读，道出的是一种片面的深刻。在他们的解读中，被观看的人像是被动的、被侵犯式的。确实，在现代社会，在疫情时期，我们会自觉"刷脸"，积极配合大数据监控自身的行动轨迹，也会不自觉地或被迫地提供信息，放任浏览记录或电子消费记录传送给企业用以挖掘有用的数据。然而在更多时候，现代人像的呈现和展示——相比布兰代斯和沃伦的时代，以及那时社会名流在乎的生活——并不是完全被动的。相反，网络时代的人们会主动地展示自我，包括"隐私"。获得关注的喜悦，使人们自愿地将自己交付给全景注视。更接近真实的心理是，商业机构的"监控"能糟糕到什么地步呢？他们无非想让我们花钱买点东西而已，以及如果一个隐蔽的公共场所里没有安装摄像头，才会让人没有安全感。这些现实提示我们重新理解"隐私"的内涵，现代人对隐私的态度直接影响到权力运行的边界，以及法律对此权力的有效规制。

19世纪末照相机的发明，以及柯达公司将其大众化的商业运作，使得"人像"成为商品，具有了商业价值。[1] 人像的商业价值，特别

---

[1] 参见明卫红：《隐私与偷窥的文化研究》，南京大学出版社2014年版，第13页。作者指出，隐私的异化首先表现为隐私的商业化。随着社会的发展，隐私出现了客体价值，也就意味着隐私可以给他人带来满足。这种客体价值越来越大，这也是隐私被侵犯的动因之一。隐私的课题价值也是不断拓展的，过去隐私主要是满足某些人窥私的欲望，从这个角度上说，隐私具有"心理价值"，后来隐

是那些反映政坛、商界等上流社会丑闻图片的商业价值,在八卦新闻媒体行业得以最大化。这正是布兰代斯和沃伦提出隐私权概念的时代背景,它伴随着人像的商业化以及这种商业化带给个体生活的打扰。正如布兰代斯和沃伦在《隐私权》中所写:"文明的前行使人们的生活日渐紧张且复杂,适时地远离世事纷扰,极有必要。随着文化修养的提高,人们对公共场合更为敏感,独处和隐私之于人更是必不可少。但如今的新闻报刊和各类发明,侵害个人隐私,使人遭受精神上的痛苦与困扰,较之纯粹身体上的伤害,过之而无不及。"[1]所以,隐私,和自由资本主义的一切观念一样——这种观念宣称"小政府大社会"——拒绝一切外界因素对个体的打扰,无论是公共权力还是商业力量。

而今天,我们进入了一个全新的视觉时代——真人秀的时代。礼制时代,法律针对不同身份的人群,建立了包括服饰等外在形象在内的精致的等差秩序,因而个体在呈现和展示自我形象时,受制于明确的法律规范,这些规范带给人一种束缚感;而对于现代社会中的个体来说,与人的面容、服饰、姿态等形象信息密切相关的体验,并不是规训之后的束缚感,相反,受惠于平等、自由的现代法治精神,以及网络时代的高新技术,个体在呈现和展示自我形象时,体验到更多的娱乐、便利和自由。现代社会人像的呈现和展示,建立在分享的理

私出现了"商业价值"。利用公众的"窥私"心理沽名赚利,这是隐私异化及商品化的集中表现。隐私是信息的一种,尤其在网络信息时代,隐私越来越具有商业价值。

[1]〔美〕路易斯·D.布兰代斯等:《隐私权》,宦盛奎译,北京大学出版社2014年版,第6—7页。

念之上，它源于个体的自发和自愿的快乐。

现代技术不断地强化着这种分享的观念。最早受到图像社交网络 Instagram 的深入影响，微信朋友圈、微博的图片功能，与之相配合的美图秀秀等软件，建立了通过图片，特别是美化后的图片，去分享生活和情绪，继而等待点赞的新时代的社交方式和观看世界的方式。线上交流中大量使用的表情符号、表情图像，相比我们在现实交谈中使用的表情、手势，更为准确地表达或掩饰了我们在谈话中的真实意图。新的展示自我和与他人交流的方式，让我们的社交生活更加顺畅和愉快。这种转变得益于网络空间的"阈限"性质，在"阈限空间"中，日常规定和社会规范得以松解，人们可以抛却日常生活中既定的规则，包括拼写和语言规则（这也是一些网络语言流行的原因所在），更容易表达自我。[1] 同时个人和集体的关系也因网络空间发生改变。一方面，公共领域和私人领域的分界线，以及生活、娱乐和工作之间的分界线都在趋于模糊，个体生活和公共生活都不再限于特定的时间和地点，传统团体的存在空间变得分散而"碎片化"；另一方面，便捷、高效并普遍化的通信方式，创造出新的"虚拟的时间和地点"，促使个人更多地"现身"公共空间，也促进了个人与团体的联系。[2]

---

[1] "网络可以解除社会限制。其他许多不同的文化的人都会发现，比起面谈或电话交流，人们在网络上更放得开，更爱聊天，更不冷场。"〔英〕凯特·福克斯：《英国人的言行潜规则》，姚芸竹译，生活·读书·新知三联书店 2010 年版，第 223 页。

[2] 〔荷〕简·梵·迪克：《网络社会：新媒体的社会层面》，蔡静译，清华大学出版社 2013 年版，第

现代人自我呈现的观念的更新，将直接影响到隐私内涵与外延的重新界定，影响到法律去规制公共监控权力运行的范围和程度。互联网扩大了人际交往的范围，更多地促进了人与社会的交往关系。网络时代隐私的内涵从布兰代斯和沃伦时代的不受打扰的孤立状态，更多地扩展为个人参与公共生活状态下的姓名保密和隐私保留。[1] 然而，就隐私的本质来说，从人类用树叶遮挡身体一直到今天，隐私在任何意义上都意味着人的"面具"背后的东西。[2] 每个人在每一种关系中，都有一副面具。在这个意义上，隐私是相对的。同样在这个意义上，

35页。

[1] 阿丽塔·L. 艾伦、理查德·C. 托克音顿在《美国隐私法：学说、判例与立法》中，将隐私的不受打扰的含义扩大为四个层面。第一，孤立状态。"在这种状态下，个人独立于群体之外，不受任何其他人的监视和监听。"第二，亲密关系。"在两个或者两个以上的个人之间建立起一种特别密切的、放松的和真诚的关系，典型形式是夫妻关系、家庭关系、一群死党朋友以及一个工作团队。"第三，个人参与的公共生活。"个人出现公共场合或者从事公共事业，但姓名保密的状态。"第四，隐私保留。它指的是每一种关系中的心理距离和微妙的默契。"这些隐私包括非常私人的神圣的信息，或者在特殊情况下非常羞于启齿的而且说出来是亵渎的事情。"〔美〕阿丽塔·L. 艾伦、理查德·C. 托克音顿：《美国隐私法：学说、判例与立法》，冯建妹等编译，中国民主法制出版社2004年版，第49—53页。

[2] 面具，是人的拉丁语词源的含义。欧文·戈夫曼在《日常生活中的自我呈现》中曾引述多位思想家对此的解读。他引述罗伯特·E. 帕克在《种族与文化》中所说："''人'这个词，最初的含义是一种面具，这也许并不是历史的偶然，而是对下述事实的认可：无论在何处，每个人总是或多或少地意识到自己在扮演一种角色……正是在这些角色中，我们互相了解；也正是在这些角色中，我们认识了我们自己。从某种意义上说，如果这种面具代表了我们自己已经形成的自我概念——我们不断努力去表现的角色——那么这种面具就是我们更加真实的自我，也就是我们想要成为的自我。最终，我们关于我们的角色的概念就成为第二天性，成为我们人格中不可分割的一部分。我们作为个体来到这个世界上，经过努力而获得了性格，并成为人。"转引自〔美〕欧文·戈夫曼：《日常生活中的自我呈现》，冯钢译，北京大学出版社2008年版，第17页。

精神肖像

对隐私的侵犯就使此种关系领域交流的内容在未经当事人同意的情况下,被暴露到另一关系领域,而这些被暴露的内容撕裂了人在前后两个关系领域中的面具。因此,在大数据时代,数据信息未经当事人同意的跨领域流通,确实可能对公民个人信息和隐私权利造成侵犯的威胁。

针对现代社会人像呈现方式的特点,人脸识别、用户画像等新兴技术产生的未知风险,法律规范呈现出严格管制的趋向,特别是对商业领域人脸识别、用户画像的规制。2019年1月1日生效的《电子商务法》第18条第1款要求电子商务平台经营者向消费者提供不针对其个人特性的选项,实现对消费者权益的平等保护。此外,《电子商务法》第40条规定,也对电子商务平台经营者提出了算法的信息披露义务,保障了消费者的知情权、自主权和选择权。2021年最新出台的《最高人民法院关于审理使用人脸识别技术处理个人信息相关民事案件适用法律若干问题的规定》(以下简称《规定》)首先肯定了在公共安全、公共利益、紧急状态以及一些其他必要情形下使用人脸识别方式的合法性;对可能造成侵害人格权益的人脸识别明令禁止,并对侵犯人格权益的可能性划定了一个较为宽泛的范围,包括"违反法律法规、公序良俗、双方约定,或不正当、非必要使用人脸信息";同时,明确禁止各类物业管理者将人脸识别作为唯一出入许可的验证方式。可以预见,《规定》的出台将直接降低日常生活中已普遍应用的人脸识别系统,直接影响该系统的技术研发和商业发展。为了平衡和限制企业对数据信息的掌控力,被视为监管大数据、保护个人权利和自由首要工具的欧盟《通用数据保护条例》，赋予数据主体诸多新兴的权利，比如访问权、修改权、被遗忘权、可携带权。还有些学者提出"远离权""注意力保护"等。[1]

当下法律对科技巨头、平台责任的关注，以及所发布的禁止性的规范或宣言，体现了法律对新兴权力主体——正如中世纪教会的势力以及被称为"利维坦"的现代国家——一贯的忧虑和警惕。然而，这种忧虑和警惕似乎已经被夸大了。[2]正如一些学者指出的，《通用数据保护条例》禁止用户画像的规定，以及赋予个体的新型权利，并不实用，并且一些原则性的规定，违背了数据商业化、工业化的本质属性——比如其规定了企业数据收集目的限制、数量限制、准确性等要求，而大数据人工智能的原理恰恰是要求"全体数据而不是抽样数据，强调的是混杂性而不是精确性，是相当关系而不是因果关系"——如果严格适用这些规范，将会阻碍互联网企业的发展，使大数据人工智能的效率不能发挥。[3]

---

[1] 在使用算法工具可能会损害其自主权的情况下，应该授权个人作出明智的选择，社会应考虑新的监管回应和基本权利，比如"远离权"与"注意力保护"。转引自〔英〕凯伦·杨、马丁·洛奇编：《驯服算法：数字歧视与算法规制》，林少伟、唐林垚译，上海人民出版社2020年版，第125页。

[2] 约翰·丹纳赫指出，算法工具被用来激励、控制、推动和操纵我们的行为。但不应该高估这些威胁，因为这项技术只不过是一种"披着羊皮的老狼"。这与历史上对自主的威胁并无两样。同样需要铭记于心的是，算法工具也可以通过各种方式促进个人自主。他们可以通过一些方式自行调整个人行为以应对新的危险。参见〔英〕凯伦·杨、马丁·洛奇编：《驯服算法：数字歧视与算法规制》，林少伟、唐林垚译，上海人民出版社2020年版。

[3] 丁晓东：《大数据与人工智能时代的个人数据保护》，载陈亮、张光君主编：《人工智能时代的法律变革》，法律出版社2020年版，第139—141页。文中指出，数据隐私保护并不是保护个体的绝

与宗教势力推进文明以及现代国家推进启蒙的作用一样，现代社会中的商业力量同样是一种进步的力量。用户画像首先服务于商人的目的，然而，和商业文明进程中发展起来的其他营销手段一样，被画像的目标用户同样是"用户画像"的受益人，个性化是商业发展的趋势，它为用户解决了"信息超载"的问题，由系统发现用户的兴趣点，从而引导用户发现自己的信息需求。[1]

　　数据共享是互联网的精神，个人信息在网络中的流失和流动是难以阻止的，也是不可阻止的，但这并不意味着一定会带来隐私的暴露。这取决于，数据信息暴露的内容是否可以清晰地勾勒出一个具体的个体的面具。[2] 如一些学者提出，未来的人像法律规范，在立法方面不是更多限制商业数据发展，而是转向规范和发展政府方面

对性权利，而是要实现信息的合理流通。作者逐一分析了自动化决策各项原则中存在的问题。

[1] "Netflix 上有数万部电影，Amazon 上有数百万本书，Delicious 上面有超过 10 亿的网页收藏，如此多的信息，别说找到自己感兴趣的部分，即使是全部浏览一遍也是不可能的。传统的搜索算法只能呈现给所有的用户一样的排序结果，无法针对不同用户的兴趣爱好提供相应的服务。信息的爆炸使得信息的利用率反而降低，这种现象被称为信息超载。个性化推荐，包括个性化搜索，被认为是当前解决信息超载问题最有效的工具之一。"王国霞、刘贺平：《个性化推荐系统综述》，《计算机工程与应用》2012 年第 48 卷第 7 期；刘建国、周涛、汪秉宏：《个性化推荐系统的研究进展》，《自然科学进展》2009 年第 19 卷第 1 期。

[2] "评估有关资料是否符合'个人'的最低要求，需要'全面'研究。公开的数据，电话号码、地址、车牌……只有当这些数据与其他数据联系在一起，才变得敏感……一份匿名的医疗档案、银行对账单或性丑闻的露骨披露本是无害的，直到其与某个人挂起钩来。只有当信息主体的身份被揭露时，它才成为个人信息。"〔英〕雷蒙德·瓦克斯：《隐私》，谭宇生译，译林出版社 2020 年版，第 49—50 页。

的智能技术能力。[1] 不同于立法的严苛，目前司法实践中的一些案件，更多倾向于保护网络收集公民个人信息的行为，保护人工智能产业的发展。2016 年，威斯康星州诉卢米斯案的判决意见指出，性别作为参数记录算法，目的是算法的准确性，否认了原告关于歧视的指控。[2] 2013 年朱烨诉百度公司隐私权纠纷案中，二审法院认为，百度公司收集的是不能识别用户个人身份的信息，并且有别于公开用户的消费行为和偏好，向特定用户推送相关网页的行为，并没有打扰用户的安宁，也没有对用户产生实质性损害。[3]

人像信息记录方式的历史变迁和法律适用，是一个理性的进程，但理性并不意味着全知和完美。作为社会控制的手段，禁止性规范塑造的更多是一种"安全的"同时也是缺乏"创造力"的社会形态。正如法律社会学的学者和实践者指出的那样，法律必须稳定，但不能静止不变；法律发展的方向应当是实现法律与社会发展的同频共振。在现代社会，社会的律动源于商业文明、互联网技术以及人工智能的发展，这正是未来人像法律规范发展的方向，在公共权力、商业力量和个人权利的平衡关系中，实现法治精神和互联网精神的融合。

---

1 郑戈：《大数据、人工智能与法律职业的未来》，载陈亮、张光君主编：《人工智能时代的法律变革》，法律出版社 2020 年版，第 24 页。作者提出，政府应当在发展人工智能方面加大投入，吸收更多的人工智能人才参与立法、行政和司法工作，避免使自己远远落后于商业力量；在监管方面，相关的行业技术标准、安全标准和个人数据保护标准，应当由行业自己来提出，政府只是一个把关者。
2 汪庆华：《人工智能的社会影响和法律规制路径》，载陈亮、张光君主编：《人工智能时代的法律变革》，法律出版社 2020 年版，第 76—78 页。
3 丁晓东：《用户画像、个性化推荐与个人信息保护》，《环球法律评论》2019 年第 5 期。

随着科学技术的突飞猛进，作为表象的世界日新月异，然而在表象之下，根本的法律命题仍然是历史的。无论是关涉社会评价和身份判断的法律平等问题，还是关涉隐私内涵历史变迁的私权保护，它们都是古老的法治议题。我们需要回到历史，使用法律史的研究方法。历史研究方法的核心，不单纯是回到历史，更重要的是建立过去和现在的关联。只有从历史的延续和变化中，我们才能认识到，被称为现代社会人像技术的法律规制的特殊性和历史延续性；而进一步设计法律回应现实问题的方案，也就是如何完善法制的问题，更需要建立在对现实现象和历史现象清楚的认识和把握之上，发现其中的关联，观察法律历史对该问题的回应方式，温故而知新。

附录：主要艺术图像来源

伊莎贝拉·斯图尔特·加德纳博物馆 https://www.gardnermuseum.org

保罗·盖蒂博物馆 https://www.getty.edu

卢浮宫 https://www.louvre.fr

费城艺术博物馆 https://philamuseum.org

梵蒂冈博物馆 https://www.museivaticani.va

巴伐利亚国家绘画收藏馆 https://www.pinakothek.de

阿姆斯特丹王宫 https://www.paleisamsterdam.nl

蒙特利尔美术馆 https://www.mbam.qc.ca

埃及博物馆 https://egyptianmuseum.org

大英博物馆 https://www.britishmuseum.org

加泰罗尼亚国家艺术博物馆 https://www.museunacional.cat

梵蒂冈西斯廷礼拜堂 https://www.museivaticani.va

大都会艺术博物馆 https://www.metmuseum.org

德累斯顿茨温格博物馆古代艺术大师馆 https://gemaeldegalerie.skd.museum

佛罗伦萨庇蒂美术馆 https://www.uffizi.it/en/pitti-palace

阿姆斯特丹国家博物馆 https://www.rijksmuseum.nl

斯德哥尔摩国家博物馆 https://www.nationalmuseum.se

柏林国家博物馆 https://www.smb.museum

维也纳艺术史博物馆 https://www.khm.at

弗里克收藏馆 https://www.frick.org

华盛顿国家美术馆 https://www.nga.gov

瓦尔拉夫-里夏茨博物馆 https://wallraf.museum

英国国家美术馆 https://www.nationalgallery.org.uk

克拉克艺术博物馆 https://www.clarkart.edu

艾尔米塔什博物馆 https://www.hermitagemuseum.org

波士顿美术馆 https://www.mfa.org

明尼阿波利斯艺术学院 https://www.mcad.edu

弗吉尼亚美术馆 https://vmfa.museum

汉堡美术馆 https://www.hamburger-kunsthalle.de

菲尼克斯艺术博物馆 https://phxart.org

伊拉克博物馆 https://www.theiraqmuseum.com

罗马保守宫博物馆 https://www.museicapitolini.org

那不勒斯国家考古博物馆 https://www.namuseum.gr

圣维塔尔教堂 https://smarthistory.org

普拉多博物馆 https://www.museodelprado.es

普希金博物馆 https://www.pushkinmuseum.art

考陶尔德艺术学院画廊 https://courtauld.ac.uk

阿姆斯特丹梵高博物馆 https://www.vangoghmuseum.nl

芝加哥艺术中心 https://www.artic.edu

纽约现代艺术博物馆 https://www.moma.org

克利夫兰艺术博物馆 https://www.clevelandart.org

故宫博物院 https://www.dpm.org.cn

后记：未知未来

这本书尝试开辟一种新的写作方式与风格，与传统法学论文区分开，走自己的路。它首先源于我渴望与众不同的心。但等 2020 年夏天我做了母亲后才明白，过一种平安健康的普通人的生活，已经很不容易了。想要做自己，很容易，那是一种浪漫的生活；想要做自己并且得到普遍的认可，却非常艰难，它需要同时源于自我的和外界的足够的能量。

即将完稿时，我深深地感谢，因为这个作品汇聚的不是我一人的能量。

感谢首都经济贸易大学法学院院长张世君教授，在院长持续的支持下，艺术图像与法律思想的研究获得学院 2018 年教改立项的资助，并于 2019 年录制慕课，2020 年名为"法律图像的密码"视频课程登录中国大学慕课平台。感谢我的学生们，他们在台下望着我的眼睛充满了初生婴儿般对新世界的好奇，他们是法律图像解读最初的忠实听众。特别是李雨芊、李雪两位同学，工作之余仍然通过网络方式记录课堂讲录，在本书的修改过程中，我把其中的一些记录融合在前言的写作里。

目前，部分书稿内容已在国内法学期刊、报刊等发表。感谢《中国法律评论》易明群副总编，在她的支持下，沉寂了两年的文稿率先刊发在《中国法律评论》2019年第12期的影像栏目中，易明群副总编将这些文稿推荐给了当时在法律出版社工作的高山编辑，这才有了编辑成书的立意。感谢《人民法院报》李绍华老师，2020年后余下的9篇文章陆续在《人民法院报》艺术图像与法律思想栏目发表，此次刊发使每篇的主题更为凝聚，感谢李绍华老师的修改建议。感谢《北大法律评论》潘程编辑，特别感谢他提供了许多有关视觉法学的域外研究资料。

感谢高山编辑，希望经过了这些时间，这些文字仍然是他在邮件中告诉我的，"他一直寻找的文字"。在高山编辑的建议下，书稿增加了对正义女神和天平图像的解读等篇章，更要感谢高山编辑的推荐，使我有缘结识我学生时代的学术偶像梁治平先生。

感谢梁治平老师。想起那天清晨收到梁老师的短信，像是在经历着电视剧中的情节。写这些文章的时候我没有想到有一天会在商务印书馆出版，而且能够得到梁治平老师的认可和推荐。梁老师对本书提出了很多具体的修改建议，包括书名的拟定，前言和导论的修改、扩充，以及各部分结构的调整。

感谢我的导师徐爱国教授。我的导师为我确立了法律思想史研究的典范，从侵权法、刑法、税法到医事法，徐爱国老师在一个个新的领域不断地拓展法律思想史的思考和研究。在探索艺术图像与法律思想的路途中，我曾经满怀信心，一度又发现这种联系前途茫茫，有的时候，我真的累了，失去了信心。我对老师说："虽然现在历史学、艺术史学有不少不错的研究成果，但是其中与法律相关的材料并不多……您觉得这个方向可行吗？我心里不太有底。"老师说："你要什么底呢？如果你关注的只是研究本身，能够在研究中满足自己，觉得研究有意思，没有结果也无所谓。大多数人所做的是学术的扩展和深化，是以积累为主的学术，这是一种稳妥的做法。开辟新的研究领域，在已有的知识基础上做新的尝试，这有失败的风险。但是学术的真正进步需要开辟前人没有的东西。纯粹的学术要做，那是人生的意义。"

"纯粹的学术要做，那是人生的意义"，谢谢徐老师。我真的希望自己可以像我的导师徐爱国教授、像我的学术偶像梁治平先生一样，留下真正有价值的、不会让自己惭愧的文字，保持创造力和开拓精神。虽然目前的法律图像学研究仅仅是一个小小的开始，但是在这种不断的创作过程中，我已经收获了极大的满足，收获了我自己。

法律图像学的研究给我提供了一种重新组合艺术、法律和历史的视角，在这些不同的领域跳跃，有点类似现代的拼贴艺术，在各种信息的重组中获得新的发现。但是，如何在这个过程中将法律图像学纳入传统法学框架，使其落脚在具体的法律制度中，仍然是目前研究的难点。未来的法律图像学研究需要保持和强化法学的专业视角，要突出法律和法学的意味，就应当有效回应与具体法律制度相关的问题，回应法的教义学，从有趣的、深刻的走向法学的特别是实证主义法学的方向。

方向是明确的,未来却是未知的。虽然在阅读写作过程中,自己也会心血来潮拟定一系列的研究计划,但随着时间和实践的推进,这些计划慢慢都被改变了。如德沃金所说,有两种发展,一种是建筑物的发展,就像修建铁路系统,路线、材料都可以计划,当然这些计划也会随着项目的进展有一些改变,但总的来说结果会和计划差不多。而知识的发展是另一种发展,它是一个发现的过程,而不是一个建筑的过程。我们不知道我们将会发现什么,因为这无法计划。知识的发现是通过思想的传播和碰撞产生的。作为法律图像学研究的开端,我希望本书能够在艺术图像和法律思想的碰撞中,产生一些思想的火花。但愿星星之火,已经很美。

感谢我的家人——我的父母、我的爱人、我亲爱的儿子,谨以此书献给他们。

陈 皓

2021年10月13日于北京

图书在版编目（CIP）数据

图像中的法律 / 陈皓著 .—北京：商务印书馆，2022
（法律文化研究文丛）
ISBN 978-7-100-21720-0

Ⅰ. ①图… Ⅱ. ①陈… Ⅲ. ①法律－思想史－世界 Ⅳ. ① D909.1

中国版本图书馆 CIP 数据核字（2022）第 170864 号

权利保留，侵权必究。

法律文化研究文丛
图像中的法律
陈　皓　著

商　务　印　书　馆　出　版
（北京王府井大街36号　邮政编码100710）
商　务　印　书　馆　发　行
南　京　鸿　图　印　务　有　限　公　司　印　刷
ISBN　978-7-100-21720-0

2022年11月第1版	开本 880×1240　1/32
2022年11月第1次印刷	印张 9

定价：76.00元